"粤商文化"丛书

主编 申明浩

漫话十三行

MANHUA SHISANHANG

范小静◎著

中山大学出版社
·广州·

版权所有 翻印必究

图书在版编目（CIP）数据

漫话十三行/范小静著.—广州：中山大学出版社，2021.9
（"粤商文化"丛书/申明浩主编）
ISBN 978-7-306-05686-3

Ⅰ.①漫… Ⅱ.①范… Ⅲ.①对外贸易—经济史—广东省
Ⅳ.①F752.9

中国版本图书馆CIP数据核字（2016）第092942号

出 版 人：	王天琪
策划编辑：	李　文
责任编辑：	李　文
封面设计：	林绵华
装帧设计：	林绵华
责任校对：	王　燕
责任技编：	靳晓虹
出版发行：	中山大学出版社
电　　话：	编辑部 020-84111997，84110779
	发行部 020-84111998，84111981，84111160
地　　址：	广州市新港西路135号
邮　　编：	510275　　传　真：020-84036565
网　　址：	http://www.zsup.com.cn　E-mail:zdcbs@mail.sysu.edu.cn
印　刷　者：	广州市友盛彩印有限公司
规　　格：	787mm×1092mm　1/16　15印张　278千字
版次印次：	2021年9月第1版　2021年9月第1次印刷
定　　价：	80.00元

如发现本书因印装质量影响阅读，请与出版社发行部联系调换

"粤商文化"丛书编辑委员会

顾　　问：顾作义
主　　编：申明浩
编　　委：谭元亨　范小静　刘正刚　冷　东
　　　　　谢　英　蓝　天　曾楚宏　谢　俊
策　　划：张海昕

总　序

"千年粤商，百年崛起。"粤商的变迁和发展，在近现代世界范围内创造了财富的辉煌和人文的荣耀，对当代中国改革开放和社会进步产生了巨大的影响。一代代广府商人写下一个个传奇故事，雄踞海内外的潮汕商人笑看商海潮起潮落，勇于开拓的客家商人显示出商界精英的大气魄。在风云变幻的年代，他们走出本土生存之道，又跨越海洋闯荡世界，放射出一道道耀眼的光芒。在改革开放之初，他们迈出市场经济的第一步，领先于人，在民营领域大放异彩；同时也在转轨之痛中探索经验，吸取教训；在走向21世纪的征程中，他们与祖国母亲一道融入世界经济大潮，于抗争中进取，于创造中升华，为岭南大地带来新的血液和希望。

百年粤商，敢为人先，勇闯天下；一脉相承，致富行善，叱咤风云，充满创新与活力的粤商群体创造了蔚为大观的财富奇迹，为推动广东乃至中国经济持续快速发展做出了重要贡献。

一、中国现代化进程的推动者

自古以来，粤商在中国商界就占据主要位置。秦汉时期，粤商就已开展艰辛的海外贸易商旅。近代史上，粤商和徽商、晋商三足鼎立，成为著名的商帮之一。粤商始于贸易业，广州十三行曾是中国与世界通商的主力，在中国经济史和世界贸易史上留下了令人瞩目的印迹。随着西风东渐，粤商在大力传承传统文化的同时，也受到了西方商业思想的影响。粤商包容性强，是容纳吸收了西方商业文明的结果。近现代香山地区（泛指珠海、中山、澳门等地）的粤商创办的先施公司、永安公司、新新公司、大新公司，成为现代中国百货业和集团公司的先驱。现当代的郭炳湘兄弟、霍英东等著名粤商，成

"粤商文化"丛书

漫话十三行

中国企业家效仿的楷模。

改革开放后,广东商人依靠天时(先行一步)、地利(毗邻港澳)、人和(华侨港澳同胞)之优势,创建了大批现代工商企业。从发展"三来一补"企业、外资企业到创办个体企业、私营企业,从搞活国有集体企业到探索混合型企业、股份制企业,粤商都发挥了至关重要的作用。时下的李东生、何享健、马化腾等,正是在这一时期涌现的粤商杰出代表,他们引领着新一轮粤商振兴的潮流。

粤商对中华民族的进步、对我国与世界的经贸交往、对中国的现代化做出卓越的贡献,然而对粤商的研究却相当缺乏。或许是由于岭南文化低调务实的风格,粤商并没有像晋商、徽商那样被媒体和学者高度关注。而长期忽视对粤商的研究,不能不说是我国经济学界和管理学界的一大缺陷。

在现代人的印象中,粤商是一个历史概念。实际上,粤商并未像晋商、徽商一样随着历史变革而断代,而是在不断变化的社会中发展。近年来,中共广东省委、省政府高度重视粤商的发展。2008 年 5 月召开的首届新粤商大会,引起了海内外众多政界名人及工商社团、企业家的关注。学者对粤商这一题材的研究也开始升温。促使社会各界逐渐重视粤商研究的原因主要有两点:① 20 世纪 90 年代,港澳台及东南亚等地区华人企业取得的经济成就世人瞩目。世界华人经济对日本的经济地位大有取代之势,华人企业家团体把亚洲经济推向巅峰,并逐渐向西方经济领域扩展。海外华人企业家多半为粤籍商人,粤商的身影遍及世界。② 20 世纪 70 年代末以来,珠三角地区引领我国的改革开放,一批新粤商脱颖而出,承接了港澳等地的产业转移,迅速建立起一大批产业集群,产品行销全球,家电、IT 产品、灯饰等产量占据世界重要份额,成为世界经济的新引擎。

从学理背景看,粤商精神体现了岭南文化的突出特征,而岭南地区较好地保留和积淀了中国几千年的儒家文化和儒家伦理。这些文化与伦理对中国近现代企业发展历程起着至关重要的作用,影响着新兴的珠三角企业家群体。"敢为人先,和气生财,利己而不损人"的文化传统熏陶了一代代粤商,保障了粤商历经磨难而不断代、游历海外而不衰落的传奇。粤商研究是一个跨学科的研究领域,涵盖家族企业、跨国公司、公司治理等诸多研究方向。很多粤商企业为家族企业,繁衍数代而不衰。粤商较早走出国门,成功开辟海外市场并实现本土化,其经验值得我国企业走出去和本土化研究借鉴。粤商组织历经数代变迁,由传统的家族式经营过渡到现代企业制度,其内外部治理结构的完善是我国公司治理理论和实践的补充。因此，重视粤商在以上方向的研究，可以使人们加深对华人企业组织制度形式、组织行为以及与社会经济制度环境之间的互动变迁关系的认识，可以引发我们去深入探讨中国传统文化规则与现代市场经济规则以及现代企业制度规则的衔接点、接合点，进而从学理上探讨富有效率的中国特色的企业管理模式。所以，粤商研究是一个具有现代意义的话题。

二、粤商的概念界定

如何定义粤商，是粤商研究中不可回避的问题。目前，学者对粤商的定义纷争较多，无法统一。从地理区位划分来看，粤商就是指广东商人，即出生于广东或者籍贯是广东的商人；从广义和狭义划分来看，广义的粤商泛指所有从事工商业活动的广东人，狭义的粤商则指以零售业经营者为代表的商贸流通业的广东投资者或经营者；从时间维度划分来看，粤商包含两个时代，一是近代以来在广东创业和经营的人士，二是改革开放以来在广东创业与经营的人士。（欧人，2002；王先庆，2007；刘光明，2007；谭建光，2008）

上述界定均有偏颇，粤商概念不应局限于地域、时间等单一层面，而应包含地域维度、行业维度和文化维度三个方面。粤商概念应该具有更大的内涵和更广阔的范畴，不能局限于传统商贸流通业，而应与现代产业体系发展同步，涵盖现代工商业的各种业态。所以，首先要认识到粤商不是完全不相关的一群人，而是由有着共同点的商人形成的一个商帮，这个共同点应该超越时间和地域，不限于某行某业的文化和价值取向。所以，粤商的定义可统一为：认同广东文化（岭南文化）的"粤地商人"或"粤籍商人"，包括在广东出生和在广东经营，或具有广东籍贯但在外地经营，且价值观与岭南文化呈现高度相关的企业家群体。

地域维度： 粤商应该包含粤地、粤籍两个方面。所谓粤地粤商，即在广东省境内经营的企业家群体，其中包括非广东本土商人。比如，十三行中的潘、卢、伍、叶四大家族，除了卢家是广东新会人，其余皆为侨居广东的福建籍人士。他们当然是粤商的典型代表。广东地处中国南部边陲，历史上即为一个移民的重要区域，自秦始皇统一六国的秦兵南下一直到今天改革开放的"孔雀东南飞"，新、老移民共同为广东的经济建设做出各自的贡献。所谓粤籍商人，即籍贯广东但在外地经营的商人。粤商是走向海外较早

"粤商文化"丛书

漫话十三行

的群体,现在很多东南亚国家(如新加坡、印度尼西亚、马来西亚和泰国),粤商企业举足轻重。而港澳地区与广东同宗同源,商人巨贾大都为广东籍贯。

行业维度:粤商始于贸易,兴于贸易。中国近代的对外贸易为十三行所垄断。现在,广东仍然是中国第一贸易大省,其外贸总量长期占全国1/4强的比重,且中国的对外贸易顺差主要来自广东。关于粤商是否属于流通行业的争议,我们可以从19世纪郑观应的《盛世危言》中找到答案。他提出了商战理论,认为西方实际上是通过商战来剥夺中国的财富,之后的洋务运动涌现出无数粤商经营的实业,如中国第一个民营企业——陈澹浦的"联泰号"机器厂,中国第一家机器缫丝厂——陈启沅的继昌隆缫丝厂;改革开放后广东珠三角兴起了大批加工贸易企业……这些都是粤商实业的重要组成。没有他们,粤商的历史将被割裂。所以,粤商所从事的行业除了包含传统服务业和现代服务业,也包括与商贸有关的制造业,以及创新商业模式的新兴产业。

文化维度:基于地缘关系,粤商汇集了中原文化与海洋文化的特点,形成鲜明的文化特征,如"敢为人先""务实包容""利己而不损人""和气生财"等。因为粤商具有强烈的对外性,所以在接受新鲜事物上能够占有先机。近现代广东开风气之先,最早形成商业化市场经济,且与西方的商业文化有一定的融合,属于较为成熟的商业文化,使得粤商能够敬业守职,不会过多地向政治倾斜和靠拢,这也是粤商能够繁衍数代而不衰亡的一个基因。

三、粤商三大帮

广东本地有三大族群——广府、潮汕、客家,他们分别讲不同的方言。

广府族群。广府族群是三大族群中影响最大的一支,其方言(当地叫白话)也就是我们通常所知的粤语,集中分布于珠三角地区,此外还广泛分布于广东省中西部地区的肇庆市、清远市、阳江市、茂名市、云浮市等,在民国以前分布一直比较稳定。抗日战争全面爆发以后,大批广府人从珠三角地区逃往粤北和粤西,很多最后定居下来。广府人是最早到达广东的,占有西江流域及其下游的珠江三角洲,早已成为海上丝绸之路上扬帆万里的主角。现在,以广州为中心分布于珠三角及周边地区的人被称为"广府人",这里是海上贸易的重要口岸,滋养了一代代广府商人。

潮汕族群。在唐宋时期，由于人口的自然增长，地狭人稠的闽南地区难以承载更多的人口，因此大批潮汕人迁居到与闽南地区毗邻的潮汕地区、海陆丰地区以及惠州的部分地区，这里成为潮汕人在广东省最大的聚居地。到达潮汕和海陆丰地区的一部分潮汕人，随后又继续沿海西迁，前往雷州半岛以及海南岛。抗日战争全面爆发以后，很多潮汕人逃往北部的丰顺县，不少人最终在此定居，与客家人在此繁衍生息，今天丰顺县城依然是闽南方言（潮汕话）与客家方言并存的双语区。相较于广府人，潮汕人稍后才到广东境内。潮汕平原濒临大海，商贾活跃，这里有曾被恩格斯称为"最具有现代商业意味"的港口，其商品意识也早已形成。

客家族群。客家族群的迁移最复杂，与其他族群交错分布的情况也最常见。根据各市县地方志以及罗香林（1989）的记载，早期到达广东的客家人，主要是为了躲避几次大的战乱（黄巢起义、金人南下、清兵入关）而南迁的。经过长年累月的变迁和繁衍，客家文化一方面保留了中原文化的主流特征，另一方面又容纳了所在地民族的文化精华。

粤商内部三大商帮天然形成于三大族群，因为数量庞大的粤籍商人或企业家有着相同或类似的性格特征、价值取向、经营理念和行为模式，他们来自同一个文化共同体，即同一个族群，他们基于语言和文化背景形成的思维习惯对其经营行为具有一定的共性影响。近现代以来，粤商能够垄断中国外贸百余年；鸦片战争之后，粤商能够开风气之先，民族工商业在广东率先兴起，粤商创造出近现代中国商业史无数第一，都有一定的族群共通性。中国式企业遵循着基于族群内部的信任和学习机制，导致了某种业态高度集中于某一族群内部，香山走出的四大百货、中国商业第一街的缔造等案例都是佐证。

四、千年传承的粤商外向型基因

有学者将明清以来中国形成的商帮归纳为"十大商帮"。其中，以徽商和晋商规模最大、影响最广，他们前后叱咤风云几百年，代表了中国古代农业文明情境中商帮的形象。与之形成鲜明对照的是粤商和浙商，特别是改革开放以来"新粤商"的异军突起，这支远离政治中心的商人队伍，具有明显的近代海洋文明的特征，从而也从一方面决定了它与旧的商帮形态不同的命运（程宇宏等，2009）。众所皆知，晋商、徽商在极度辉煌之后是覆灭的结局，现在的山西、安徽境内的商人群体，从严格意义上说并未继承历

"粤商文化"丛书

漫话十三行

史上晋商与徽商的事业和商业精神，实际上出现了历史断代。而粤商则成功地延续至今，从海上丝绸之路的奠基到十三行转手贸易的辉煌时代，再到现代的珠三角加工贸易和产业集群的兴盛，粤商千年传承，生生不息，不断在新的时期创造新的辉煌。其秘诀是什么？搞清楚粤商世代繁衍、发展壮大的动因，对我国的企业发展具有重大的战略意义。

粤人经商的历史可远溯汉代。汉武帝时期开通了"经南中国海过马六甲海峡，入印度洋，到波斯湾、阿拉伯半岛以及非洲东海岸"的"海上丝绸之路"，与中国途经西北地区的陆上丝绸之路相比，这条海上丝绸之路的航行更为艰巨、风险更大，但船舶的容量更大、利润更可观，因而吸引了大量粤人从商，粤商的海外贸易经营从此展开。及至近代因为清政府"一口通商"的政策，广州得天独厚地垄断了中国的对外贸易，外国客商必须经过十三行才能从事与中国的贸易。随着业务的扩大和新一批通商口岸的建立，粤商也逐渐转型，开始走遍全国各地进行交易，并前往海外进行贸易。

五、粤商精神与文化内涵

近现代中国，粤商一直是我国对外贸易的中流砥柱，粤商敢为天下先，成为改革开放的先行者，引领改革的步伐，启动了中国成为"世界工厂"的历史变革。改革开放以来，粤商对外经济贸易取得辉煌的成就。长期的贸易传统令粤商充分发挥"广交会"的优势，产品行销全球。可以说，众多粤商成长的历程就是广东甚至中国改革开放过程的缩影。

支撑这一骄人成绩的是广大粤商所秉持的粤商精神，这种精神也是中国商界的瑰宝。粤商文化内涵丰富，我们可以通过语言、观念、态度、行为等概括粤商的文化内涵。粤商三大族群分广府民系、福佬民系和客家民系，其方言要么是古代中原汉语，要么融合了古代中原汉语和当地土话，民风与传统兼容了古代中原文化传统和近代海洋文化传统；长年海外贸易兴盛导致民间重商传统浓重，开放观念深入人心；天生的国际化基因使之具备兼容的营商态度，能够吸纳东西方的文化和商业模式，敬业乐天的天职意识让其以知足乐观的态度对待身边的人和生意，养成了"和气生财，利己而不损人"的营商态度和准则；中庸文化的熏陶，老庄哲学的浸泡，让粤商深谙"人怕出名猪怕壮""生意就是生意"的道理，养成低调、务实的行为习惯；粤商不安现状的探索海洋的精神蕴蓄了其创新精神，能够在不同时代抓住时机转型升级，创新商业模式，创造新型业态。

1. "敢为天下先"的精神是粤商在很多方面引领改革开放的根源

粤商深受岭南文化的影响，远离政治中心，不受所谓正统、权威观念的束缚，正是这种勇于尝试的精神使得粤商在很多方面成为"第一个吃螃蟹"的人，使广东迅速成为全国经济的排头兵。当代粤商的崛起背景，是在经历过"文化大革命"闭关自守、百业凋零之后，"对外开放，对内搞活"，从而获得了发展机遇。当时的粤商大胆革新，借鉴国外，敢于尝试。曾经流传的"红绿灯"理论就是形容粤商善于利用政策发展经济，善于创造条件变革经营，决不等待，决不观望，敢为天下先。

2. "开放、包容"的文化是粤商能长期保持昌盛的根本

较之国内大多数地区的商人，广东商人有更多的机会了解世界，获取新知，采用从外国学来的经营方式，在内地再创业或去海外经营。"广东的文化，历来不是封闭型的文化。"从国内来说，广东吸收了楚文化和中原文化，并改造了南越的风俗习惯和"刀耕火种"或"水耕火耨"的农业劳作方式；特别是广州成为对外贸易的重要口岸之后，又成为中国与世界文化交流的重要窗口之一。因此，岭南地区各类人员在生存和发展的过程中，对中原文化与海外文化既没有明显的偏向，也没有明显的排斥，包容、融合外来文化的特征就在内外交往和交流的过程中形成了。

粤商深知"地低成海，人低成王"的道理，放低姿态，虚心向别人学习求教，在吸收外来优秀文化的同时壮大自己的实力。因而粤商走遍全国及全球，以全方位的开放心态，对国内、国外同样有强烈的开放态势。

3. "和气生财""利己而不损人"的理念构筑了广东企业有序的竞争环境

粤商有一个良好的商业风气，就是讲究和气生财，相安无事，各发其财。大家各算各的账，只算自己能否盈利，而不去计较对方是否赚得更多。这就是广东形成众多的产业集群专业镇，在狭小的地域那么多的企业依然和平相处、共同盈利的原因。

4. "低调务实，灵活变通"促使民营企业迅速发展壮大

粤商大都是实干家，敏于行，讷于言。他们不在乎所谓的虚名，越是有钱的反而越低调。在众多的中小企业中，分布着许多的隐形冠军，他们在各自的行业里占有极高的市场份额。"不事张扬"使广东众多个体户发展成为颇具规模的民营企业。

漫话十三行

粤商以灵活变通著称，从不墨守成规、固步自封，随时根据市场变化、政策因素等各种条件及时调整自己的经营策略和经营方式。这种特征在官商关系处理上尤显突出。为了保护自身利益，粤商针对不同的历史条件，采取不同的策略处理与政府之间的关系。他们处理官商关系既不曲意逢迎，也不一味抗拒。为了商业利益，总能抱作一团，既是合作伙伴，也是竞争对手。这决定了他们能够在对外、对内的开放中求新、求变，不断输入新鲜血液，最终财源滚滚，兴盛持久。

5. "国际化视野"保障了粤商的代际传承、永续经营

作为中国的三大商帮之一，粤商具有与晋商、徽商等不同的特征。由于地理位置远离封建政治中心，粤商从形成的第一天起就具有强烈的对外性，较少依附于政治权力，商贸活动的开展基本上遵循着对外的营销方向，注重国际化视野。广州作为明清政府允许开放的唯一对外贸易港口，成为内地产品与外国商品的集散中心，粤商内部的海商、牙商和内地长途贩运批发商三大类型无一不是与海外贸易相关联的。这一对外性质对粤商抵抗近代资本主义经济的发展和冲击具有非常重要的作用。粤商不仅避免了晋商、徽商等在政治、经济环境剧变时迅速消亡的厄运，还纷纷走出国门，到世界各地开拓市场，寻求更大的发展机遇，在世界商业大舞台上展露出中国人的商业才智，把中国和世界市场紧密连接在一起。粤商的这种对外交往活动对中国近代的思想进步、经贸发展和社会变革产生了巨大的影响。粤商的发展和演化过程，就是中国近代对外贸易发展的一个缩影。尤其在改革开放的40多年中，粤商起着引领改革时代潮流、推动企业规范化和国际化的先锋作用。

改革开放之初，粤商就着眼全球，利用广东侨乡的优势，引进资金和技术这些自己稀缺的东西，发挥劳动力优势，以"三来一补""来料加工，进料加工"为主业，发展产品贸易。不管当时的舆论如何，粤商看准的国际化市场策略从未动摇，靠着这样的坚定，不断在世界市场中求得发展，粤商在短短40多年间神奇地在国内外各个市场站稳了脚跟。

广东的商业文化引领华夏，粤商开中华风气之先，影响着近现代中国社会经济文化等方方面面的变迁。为呈现粤商在近现代中国社会经济制度变革中的推动作用，弘扬广东商业文化，中山大学出版社与广东省粤商研究会联合打造"粤商文化"丛书，尝试对粤商进行系统化学术梳理。

粤商与徽商、晋商一道,在历史上被称为"三大商帮"。但粤商题材的学术作品却没有像晋商、徽商一样为大众所熟知,粤商的知名度也远不及其他商帮。因其稀缺,所以珍贵,衷心希望"粤商文化"丛书能弥补这一缺憾。

申明浩
于广州白云山麓

目 录

小引　十三行是什么 /1

第一章　十三行前事 /1
　一、很久以前的《东游记》/2
　二、那是一片福地 /7
　三、琶洲塔上的欧洲人 /13
　四、有一个行当叫官牙 /19

第二章　一次特别的机遇 /25
　一、皇帝偏爱广州吗 /26
　二、蜜饯和小菜也要管 /32
　三、要管就要有官 /36
　四、官而后的商 /41
　五、古代的广州交易会 /46

第三章　雄视天下的中国货 /53
　一、茶叶：稳坐头把交椅 /54
　二、"拼盘配料"也精彩 /58
　三、发财到广东 /65
　四、来自优秀的优势 /72

第四章　西人西货来西关 /79
　一、首屈一指是白银 /80
　二、西方人的尴尬 /85
　三、不过九牛一毛 /91
　四、黑对白的颠覆 /96

"粤商文化"丛书

漫话十三行

第五章　大码头，大商人 / 103
　　一、耀眼的商界明星 /104
　　二、大出大进大卖场 /110
　　三、常怀忠厚之心 /114
　　四、投向海洋的目光 /120
　　五、西方人的倾羡 /125

第六章　这里独有的荒唐 / 131
　　一、这里成了外交部 /132
　　二、逼着公鸡下蛋 /139
　　三、"钻风箱"的感受 /144
　　四、黑云压城城欲摧 /150

第七章　官与商的博弈 / 155
　　一、西方人眼中的河泊 /156
　　二、顶戴啊，顶戴 /162
　　三、无穷无尽的报效 /168
　　四、一个狰狞的幽魂 /174
　　五、倒也！倒也！/180

第八章　走向末路的十三行 / 187
　　一、工业化大潮袭来 /188
　　二、四面尽是楚歌声 /193
　　三、西方列强如愿了 /199
　　四、广州的愤怒 /203

结语　十三行的记忆长在 / 211

小引　十三行是什么

漫话十三行，首先得话一话，十三行是什么。

字面上的意思似乎挺简单：十三家对外贸易的大公司。

实际上，有点复杂。

广州十三行研究中心的赵春晨教授有个概括。他说："在清代，'十三行'这个名称

广州十三行商馆区（油画　［英国］威廉·丹尼尔绘于1805—1806年）

漫话十三行

的含义并不是单一的，它既可以是指行商，也可以是指行商从事对外贸易活动的一个特定的地域，即广州的十三行商馆区。"[1]

也就是说，十三行有两重意思：一是指人，人是广州的人；二是指区域，区域是广州的区域。

笔者倾向于赵教授的说法。

十三行并不是行之十三，有时多于十三，有时少于十三。从康熙五十九年至道光十九年（1720—1839），110多年里也只有1813年（嘉庆十八年）和1837年（道光十七年）两个年头正好是十三家。不过人们习惯了，将这个专做对外贸易的广州商人群体叫十三行。

《广东十三行考》是十三行学术研究的开山之作、奠基之作，著者梁嘉彬先生为十三行中的天宝行行主梁经国的后人，他在书中说："粤海设关之年（康熙二十四年，1685年），可确定已有十三行，当时行数实不过数家，而名曰十三行者，则或诚如《粤海关志》所云'沿明之习'耳。"[2] 也就是说，十三行在康熙皇帝初设海关的1685年就已经确而有之了，而且这种叫法还是沿袭明代之前人成说。

至于区域意义上的十三行，位置在流经广州闹市的珠江岸边的西关一带，以今天的广州文化公园和人民南路为中心。

十三行的鼎盛时期是清代中叶的乾隆到道光年间，从1757年（乾隆二十二年）到1842年（道光二十二年）的85年，即人们俗称的"一口通商"时期。本书所说的十三行，主要集中在这一时期。

所谓一口通商的"口"，指粤海关管辖下的广州口岸。广州口岸是一个环环相扣的完整的链条：澳门—虎门—黄埔—十三行。

粤海关官衙设在广州，可珠江的出海口离广州城还有100多千米呢。宽阔的珠江出海口的西侧有一个优良的港口，拥有一道美丽的南湾，这就是澳门。中国政府在澳门的最高行政长官叫海防军民同知，简称澳门同知，衙门设在澳门的前山寨。外国商船来广州，先要向澳门同知报到；得到派给的引水员和发予的进港执照之后，外船才能溯江而上至虎门。

虎门天险扼守着珠江水道，虎门两岸及江中小岛都设有炮台，炮火随时可以封锁江

澳门南湾全景（中国佚名画家约绘于1850年）

此画描绘了澳门作为海港城市的标志性景观：呈弧形的南湾景色迷人；左下侧海岸近处低矮的是中国民居，远处是外国人的洋楼。海面上有中国的和外国的船只。

正通过虎门的一条瑞典东印度公司商船

小引 十三行是什么

漫话十三行

黄埔风光（油画　中国佚名画家约绘于1830年）

黄埔古港在现今的广州市海珠区。画中远处是琶洲塔，黄埔港航道上有序地停泊着各国商船，船上飘扬着各国国旗，近处山坡下有外国人和中国人。

面。外国船只在这里必须出示澳门同知签发的进港执照，接受中国官兵的检查，被放行后直驶广州的黄埔港。

外国商船就停泊在黄埔港湾，水手们也随船停留在黄埔港湾。那些为数不多的真正做生意的外国商人则离开商船，乘小舢舨继续溯江而上15千米到十三行，住进面临珠江的西式商馆，开始他们繁忙的买卖。

本书题名《漫话十三行》，是在十三行原义的基础上，以十三行指代广州口岸，正如人们以天安门指代北京。也就是说，这本书说的是清代乾隆、嘉庆、道光年间广州口岸的往事。

为什么要用十三行来指代呢？广州口岸的核心是十三行。再说了，大名鼎鼎的十三行，它的光环笼罩了整个广州口岸。

研究十三行的专家学者不少，笔者只是一个电视人，于2002年初与十三行邂逅，一见钟情之后便是一往情深。把诸多专家学者的诸多论著中的十三行翻译成大家伙儿都能听得清楚、看得明白的十三行，是笔者心之所甘、情之所愿。

十三行是一部百科全书，写它个几百万字也不过分。在那个西方大国纷纷崛起的年代，疯狂地在全球扩张的西方大国们，无一不紧紧地盯上中国。不料，中国的皇帝只准许大国们来广州。这样一来，古老的中国与新兴的西方在广州全面地接触与碰撞：政治、经济、外交、法律、宗教、军事、科技、文化、艺术、民俗……那叫一个没完没了。

《漫话十三行》无法百科，本书只能选择其中一个小切口。作为"粤商文化"丛书之一，"丛书"的概念即是预先画好的一个"商贸"的圈圈，笔者就在这个指定的圈圈里跳舞了。

但愿这个舞姿不会太难看。

---

[1] 赵春晨，冷东．广州十三行与清代中外关系［M］．广州：世界图书出版广东有限公司，2012：160．

[2] 梁嘉彬．广东十三行考［M］．广州：广东人民出版社．1999：66．

第一章
十三行前事

漫话十三行

十三行,是明清时的事情。树有根,水有源,民国时的学问大家朱希祖就曾说道:"此等独占制度,其历史递衍甚长,十三行之前,已早有之……非一朝一夕之故,十三行不能专任其咎。"[1] 可见,十三行不是从石头缝儿里蹦出来的孙猴子,它有着古老的基因遗传。

一讲古老的往事,开头的第一句常常是:很久很久以前……

---

[1] 梁嘉彬. 广东十三行考 [M]. 广州:广东人民出版社,1999:6.

一、很久以前的《东游记》

很久很久以前,出了一本书叫《东游记》[1]。

中国人熟悉《西游记》,书中说的是唐代高僧由东土往西天取经的故事。《东游记》也是唐代的事情,但方向相反,说的是阿拉伯人从西亚来东方中国的经历。

《西游记》是虚构的小说,作者为明代的吴承恩,今知最早的刊本为明万历二十年(1592)的世德堂本。《东游记》是一本旅游纪实的书,描述的是一段非虚构的真实经历。作者是西亚大食国(中世纪的阿拉伯帝国)的苏莱曼,成书于唐代末年,比《西游记》还早600多年。

苏莱曼是阿拉伯商人、旅行家,在851年,即唐宣宗大中五年游历印度和中国,特别来到了广州。

为什么说是特别？那时广州集聚了很多与苏莱曼一样的阿拉伯人和波斯人。多到什么程度？十多万人！

那么多的阿拉伯人和波斯人在广州干什么呢？做买卖，说得正经点儿就是贸易。

在阿拉伯世界之外，广州是当时世界上阿拉伯人和波斯人会聚最多的地方之一。从波斯湾港口出发来到中国的苏莱曼，怎会错过广州，当然要特地看一看。

在《东游记》中，苏莱曼这样写广州："中国商埠为阿拉伯商人麇集者，曰广府（Khanfu），其处有回教牧师一人，教堂一所。"[2]

苏莱曼提到的教堂就是位于如今广州市中心的怀圣寺，它是世界上最古老的清真寺之一，为纪念伊斯兰教的创始人穆罕默德而命名。627年，怀圣寺由侨居广州的阿拉伯商人捐资所建。200多年后，苏莱曼来到广州，看到了这座清真寺，在他眼中，它已经称得上古老，大概有点儿像今天的我们观赏北京北海的那座清代的白塔。

远远望去，怀圣寺最引人注目的是那座造型独特的塔，笔尖形的塔尖，圆柱形的塔身，青砖砌筑，高36.3米，一看就是阿拉伯风格。广州人习惯叫它光塔。

唐代时，广州珠江的江面很宽，光塔就矗立在江边，也可以说是海边。在海船可以直抵的地方建一座塔，其功用之一就是导航。尤其在夜晚，高高的塔上点亮的灯火，是远航而来的海船最欣喜的指引。

当时，光塔后面一带叫蕃坊，是波斯和阿拉伯商人居住活动的地区。至今，中山六路还有一条玛瑙巷，

怀圣寺光塔

漫话十三行

据说正是波斯与阿拉伯商人进行玛瑙交易之所。玛瑙是舶来品，道光年间的《广东通志》有记载："玛瑙出西洋，红色为佳，有五色缠丝者。"[3]

光塔附近原先有一条大纸街。"大纸"即"大食"一词的转音。"大食"来自波斯文 Taji，Taji 是《东游记》作者苏莱曼以及许许多多阿拉伯商人的祖国。唐宋时期，在广州的外国商人，以大食商人为主，也以大食商人为首。这条街巷以 Taji 译音冠名，又是旧有蕃坊的一个久远的记忆。

有那么多的阿拉伯和波斯商人，建一座清真寺也就顺理成章了。

这就是广州闻名中外的外贸港口的一道风景。

地球上有七大洲，更有辽阔的四大洋。在遥远的古代，限于交通条件，分散在各洲各地的人相互来往难之又难。可是广州，偏偏是个对外贸易的大码头，面向海洋、面向国外的贸易都在此开展。那时，整个大唐帝国才 5 000 多万人，岭南更是地旷人稀之区，而广州，单阿拉伯和波斯商人就有 10 万之多，何等的阵势，何等的气派！

除了阵势与气派，还要加上一条：资深历远。

西汉淮南王刘安

西方的耶稣诞生之前的 200 多年，中国第一个皇帝创建了中国第一个大一统的王朝，紧接着，这位始皇帝便剑指岭南。西汉刘安在《淮南子》中特别提到，"又利越之犀角、象齿、翡翠、珠玑，乃使尉屠睢发卒五十万，为五军"。也就是说，秦始皇南征的一个动因就是谋求广东从海外进口的犀角、象牙、翡翠、珠玑等，好让秦王朝的帝王将相们享用，于是令发 50 万大军，兵分五路杀来岭南，"一军处番禺之都"[4]，其中一支队伍镇守番禺（广州古称）的都城。

50万大军中的一个将领的儿子，于秦王朝灭亡及汉王朝初立的动乱之中，在广州建立了南越国。这个小国的第二世国王的墓地，1 000多年后被广州人发现并打开，里面就有一些外国玩意儿。其中，在西耳室出土的一个残朽的木箱里，装着由外国进口的5支原支的象牙。墓主的外椁"足箱"里还有一件银盒，盒身与盒盖呈蒜瓣凸形纹。据考古专家麦英豪考证："这种蒜瓣纹最早见于埃及第18王朝的国王图坦卡蒙（约公元前1358—前1348年）墓中出土的金银盘、碗，这种工艺以后传到波斯。"[5]

既是外贸，那都是哪些外国来的商人呢？

除了像苏莱曼那样"东游"而来的阿拉伯和波斯商人，还有不少"北游"而来的东南亚、南亚商人。虽然其对东西方世界的影响比商业天才的阿拉伯和波斯商人逊色，但他们有自己的优势：中国的近邻。

从远古走来，人类的造船技术和航海能力由易而难，航线开辟也由近而远。可以想见，作为近邻的东南亚、南亚商人会是广州最早的，也是一直以来的外国商人。

中国明代有个蒋兴哥，湖北襄樊枣阳人，他和父亲、祖父甚至曾祖父，都跑到广东做生意。为什么跑广东？买进口货。"原来兴哥在广东贩了些珍珠、玳瑁、苏木、沉香之类"[6]，再贩往内地。

比如，其中的苏木，又叫苏方、苏枋，是一种生长于热带的高大树木。这种赭褐色的木材很是珍贵，因为它坚重又不易开裂，特别适宜做细木工。《粤海关志》记载，明洪武二十年（1387），暹罗经由广东向中国朝廷进贡胡椒1万斤、苏木10万斤。暹罗就是现在的

南越王墓出土的银盒

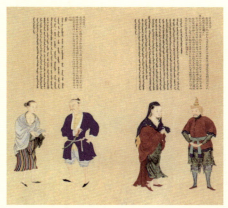

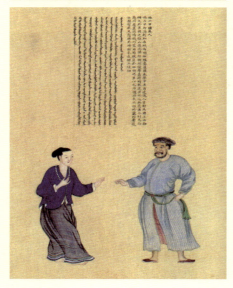

清代画家笔下的暹罗人和马六甲人

第一章　十三行前事

漫话十三行

泰国。

又比如沉香，是东西方商人踊跃抢购的世界著名香料。这是一种产于印度、泰国、越南的树木，树心可以做成上等的香料，因它入水即沉，便叫沉香。

苏木、沉香等，都是东南亚商人常带来的商品。

蒋兴哥是明清之际著名短篇小说集《喻世明言》中虚构的人物，然而，高于生活的艺术作品往往源于生活。梁嘉彬先生就特别关注这本书中的这个人物。

梁嘉彬先生在《广东十三行考》中提到《喻世明言》的这个故事，并分析说："据该小说所载可推知此事在明英宗重祚天顺二年（1458年），广东当时已有集天下商贾之势。"[7]

与梁嘉彬先生"集天下商贾之势"之说相呼应的，有古有今，有中有外——

唐代天宝九载（750），路经广州的中国鉴真和尚说，广州"江中有婆罗门、波斯、昆仑等舶，不知其数。并载香药珍宝，积聚如山。其舶深六七丈。狮子国、大石（食）国、骨唐国、白蛮（可能指欧洲人）、赤蛮（指阿拉伯人）等往来居住，种类极多"[8]。

裨治文像

美国第一个来华的传教士，1830年（道光十年）到广州的裨治文在《广州城概述》中说："广州的位置和中国的政策，加上其他各种原因，使这座城市成为数额很大的国内外贸易的舞台。除了俄罗斯的商队是横越中国北部的边界，葡萄牙和西班牙的船只是驶往澳门之外，中华帝国与西方各国之间的全部贸易，都以此地为中心。中国各地的产品，在这里都可以找到；来自全国各省的商人和代理人，在这里做着兴旺的、有利可图的生意。东京、交趾支那、柬埔寨、暹罗、马六甲或马来半岛、东方群岛、印度各港口、欧洲各国、南北美洲各国和太平洋诸岛等地的商品，都被运到这里。"[9]

长期研究中荷关系史的当代荷兰学者包乐史教授说:"作为中华帝国传统上的门户,广州这个贸易中心显然拥有最长的资历。……这个坐落于南方的广东省的城市,甚至可能是全世界最古老的、持续运作的港口。"[10]

当然,还有唐代阿拉伯商人苏莱曼,他在《东游记》中说:"Kaufu 乃商人之主要场所","是商船所停集的港口,也是为中国商货与阿拉伯货荟萃的地方"。[11] Kaufu,广府,很久很久以前,对常来常往的广州,阿拉伯和波斯商人是这样称呼的。

---

[1] 苏莱曼《东游记》,又叫《中国印度见闻录》,艾布·载德·哈桑·西拉非续编。
[2] 陈柏坚,黄启臣. 广州外贸史 [M]. 广州:广州出版社,1995:86.
[3] 胡巧利. 广东方志与十三行:十三行资料辑要 [M]. 广州:广东人民出版社,2014:108.
[4] 刘安. 淮南子 [M]. 陈广忠,译注. 北京:中华书局,2012:1090.
[5] 麦英豪. 南越文王墓 [M]. 北京:文物出版社,2012:115.
[6] 冯梦龙. 喻世明言 [M]. 长沙:岳麓书院,2019:16.
[7] 梁嘉彬. 广东十三行考 [M]. 广州:广东人民出版社,1999:59.
[8] 陈柏坚,黄启臣. 广州外贸史 [M]. 广州:广州出版社,1995:83.
[9] 龙思泰. 早期澳门史 [M]. 吴义雄,郭德焱,沈正邦,译. 章文钦,校注. 北京:东方出版社,1997:301.
[10] 包乐史. 看得见的城市:东亚三商港的盛衰浮沉录 [M]. 赖钰匀,彭昉,译. 杭州:浙江大学出版社,2010:32.
[11] 陈柏坚,黄启臣. 广州外贸史 [M]. 广州:广州出版社,1995:82.

二、那是一片福地

广州为什么会有那么多的阿拉伯和波斯商人?因为他们来自一片福地。

我们知道,欧亚大陆是地球上最大的一块大陆。与欧亚大陆几乎一"江"之隔的是非洲大陆(如果把狭长的红海和亚丁湾比作大江的话)。在欧亚非的地缘关系中,西亚,或者说中东,处在中间的最佳位置,又在印度洋的北端,那片阿拉伯的世界。

印度洋水域远不及太平洋和大西洋辽阔。东岸、西岸、北岸之间往来便捷,任由海上驰骋。朝南而面向印度洋,欧亚非陆地以阿拉伯世界为中心,伸出左膀是大洋东岸的南亚,伸出右臂是大洋西岸的非洲,左膀和右臂环抱印度洋。大洋北岸的阿拉伯和波斯商人,按美国著名学者费正清的说法,简直把印度洋变成了自家的一汪

第一章 十三行前事

"粤商文化"丛书

漫话十三行

穆斯林湖——

往东南，前去印度、斯里兰卡乃至整个亚洲。

往西南，是非洲东海岸各国。

往西、往北，那里有地中海和黑海，沿岸分布西欧、中欧、东欧诸多国家。这两个宽广的内陆海，可以串起大半个欧洲。

一条又一条通往东西南北的海路和陆路从这里伸出，西亚是东方与西方商路的交通枢纽。波斯人与阿拉伯人自然而然地当起了中间商。到东边去，买下东边的东西贩到西边，到西边去，买下西边的东西贩到东边，做东边与西边的中间商，从东边和西边牟取巨大的利益。

比如，阿拉伯商人把东边的印度货物贩到西边的意大利，那里有地中海沿岸港口威尼斯、热那亚，码头上的意大利商人早就伸长脖子巴巴儿地候着呢。东方商品一转手，价格就是成本的20倍以上。于是，居于东、西之间的波斯与阿拉伯商人乐此不疲，而且在很久很久以前就开始乐此不疲。

西亚是一片蕴含着无限商机的福地。

在宋代以前，世界海洋贸易中最活跃、最强势的就是阿拉伯和波斯商人。

处在东、西中间的阿拉伯和波斯商人，沿着印度洋东岸，即南亚大陆西岸，经过马六甲海峡，穿过东南亚，前往中国的广州。

再说一说从广州南越王墓出土的那5支进口象牙。非洲象牙粗壮，亚洲象牙纤细。而那5支象牙每支的长度都超过了120厘米，必是出于非洲象。能把遥远的非洲象牙贩到东方来，必经阿拉伯和波斯商人之手。

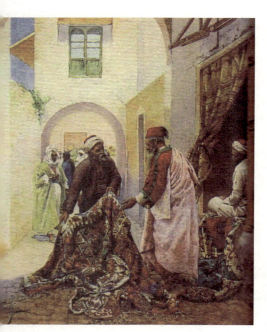

正在交易的古代阿拉伯商人

1271年的威尼斯（绘于15世纪）

广州也是一片福地。

广州是一个河港，而且是一个经济腹地深广的河港。

就像一把扇子的扇面集中于下面的支点，由"扇面"——珠江的三条干流西江、北江、东江——从左、中、右三个方向汇合于南边的"支点"，这就是广州。通过珠江水系，从广州出发可以抵达粤东粤西粤北。粤北横亘着高大绵延的南岭山脉（又称五岭），穿过其中大庾岭、骑田岭、越城岭的三个山口，商路还可以延伸到内地各省：湘、桂、赣、闽、云、贵、川，甚至浙、苏、皖……

广州又是一个海港，古代中国首屈一指的海港。

中国大陆东面和南面临海，形成了一个半弧形的海岸线。

这个半弧形的东面有日本、朝鲜和琉球群岛。再

第一章 十三行前事

"粤商文化"丛书

漫话十三行

远呢？就是辽阔的太平洋了。世界第一大洋太平洋，水域面积 17 968 平方千米，占世界海洋总面积的 49.8%，占全球总面积的 35%。在造船技术尚不发达的古代，这是一片令人生畏的"水沙漠"。所以，东面没有拓展空间。

半弧形南面的广东是幸运的，广东面临南海，南海连着东南亚。或者反过来说，从东南亚到中国，最近的大城市大港口就是广州。

广东通过陆路和海路都能很快直达中南半岛，而南海周边又是星罗棋布的海岛。这个半岛和诸多海岛上就是东南亚诸国。据《明史》载，明代初年与中国打交道的有占城（今越南中部）、暹罗（今泰国）、真腊（今柬埔寨）、急兰丹（今马来西亚兰丹州）、满剌加（今马来西亚马六甲州）、苏门答剌（今印度尼西亚苏门答腊）、浡尼（今印度尼西亚加里曼丹）、爪哇（今印度尼西亚爪哇岛）、吕宋（今菲律宾吕宋岛）、苏禄（今菲律宾苏禄群岛）、麻林（今菲律宾棉兰群岛）……[1]

东南亚物产丰富不说，还因为它那热带气候，所以对亚热带的中国广州和温带的内地来说，东南亚商品与中国商品有很强的互补性。

比如，马来半岛、加里曼丹岛、菲律宾和印度等地出产坤甸木和檀木。这种热带雨林里的高大乔木，因其细匀结构和硬重材质，强韧而且耐腐，自古至今都是中国建筑师和雕刻家的至爱。广州著名的陈家祠，梁柱所用的全部是由缅甸进口的坤甸木，直径有

繁忙的珠江河道（[瑞典]斯文·诺德奎斯特绘）

30～60厘米，高大粗壮，坚实浑厚，不怕潮湿，历经百年，白蚁不蛀，可见品质之优良。

再说，这一带是中国的藩属国，历来对中国王朝恭敬有加。就像明代学者顾炎武在《天下郡国利病书》里说的："东洋若吕宋、苏禄诸国，西洋暹罗、占城诸国及安南、交阯，皆我羁縻属国，向无侵叛，故商（物）〔舶〕不为禁。"[2]当代学者丁学良先生也曾说过，东南亚和中国的关系相当稳定，是中国的软腹部。总之，不像中国西边、北边，有匈奴、蒙古、女真……让各朝各代的皇帝一提起就头皮发麻。

广州之福还不止于此，因为东南亚西边还有一条马六甲海峡。

有了这条沟通太平洋与印度洋的交通要道，东南亚就跟印度洋联系起来了。于是，印度洋两岸的国家也到中国来了：东岸的榜葛剌（今孟加拉及印度西孟加拉邦）、泥八剌（今尼泊尔）、锡兰山（今斯里兰卡）、古里（今印度喀拉拉邦卡利卡特）、柯枝（今印度西南岸亚柯钦）……西岸的溜山（今马尔代夫群岛和拉克代夫群岛）、木骨都束（今索马里摩加迪沙）、不剌哇（今索马里东南布腊瓦）……[3]

有了这条沟通太平洋与印度洋的交通要道，东南亚跟印度洋联系起来，也就是跟"穆斯林湖"联系起来了。印度洋北边的富有商业细胞的阿拉伯和波斯商人，经过东南亚，就奔着广州来了。

阿拉伯和波斯商人欢天喜地地往欧亚大陆的东边和西边搬运着东边和西边各自渴望的对方的货物。往返广州的行程，美国历史学家斯塔夫里阿诺斯这样归纳："穆斯林商人的通常计划是：九十月份离开波斯湾，乘

明代学者顾炎武

第一章 十三行前事　11

漫话十三行

描绘马六甲海峡的古画

东北风航抵印度和马来西亚,及时赶到中国海域乘南方季风航至广州,在广州度过夏季后乘东北季风返回马六甲海峡,穿过孟加拉湾,次年初夏回到波斯湾——来回航程耗时一年半。"[4]

广州,优越的海运与优越的河运在这里缠绕为枢纽,中国内地的商品,世界各国的商品,都冲着广州,来则汇集,去则辐散。

中国漫长的海岸线,从北到南散布着许多港口,像广州这样得天独厚的地缘优势,可有哪个比得上?

北宋《中书备对》一书提到过一组数据:北宋神宗熙宁十年(1077),三个市舶司收进口乳香统共354 449斤,其中,明州(今宁波)收4 739斤,杭州收637斤,而广州收348 673斤。于是,《中书备对》的作者毕仲衍感叹:"是虽三处置司,实只广州最盛也。"[5] 由此看来,虽然设立了三处市舶司,但广州是最繁盛的。

有了幸运之神的眷顾,广州成了中国最重要的外贸口岸。

广州这片福地招徕了另一片福地的阿拉伯和波斯商人。

于是有中国学者说,"中国和阿拉伯是当时国际贸易中最活跃的两极"[6]。

欧亚大陆东边的中国人与大陆中间的阿拉伯和波斯人长期亲密接触。终于有一天,大陆西边的人坐不住了。

[1]李庆新.明代海外贸易制度[M].北京:社会科学文献出版社,2007:56.

[2]梁廷枏.粤海关志:校注本[M].广州:广东人民出版社.2002:51.

[3]李庆新.明代海外贸易制度[M].北京:社会科学文献出版社.2007:57.

[4]斯塔夫里阿诺斯.全球通史:从史前史到21世纪 第7版 上册[M].董书慧,王昶,徐正源,译.北京:北京大学出版社,2005:200.

[5]梁嘉彬.广东十三行考[M].广州:广东人民出版社.1999:35.

[6]黄纯艳.宋代海外贸易[M].北京:社会科学文献出版社,2003:51.

三、琶洲塔上的欧洲人

琶洲塔,就是建在琶洲上的塔,广州东头的琶洲。

"洲"字带三点水,字义是水中的小块陆地。珠江中的这片小沙洲因地形似琵琶而叫琶洲。建在此洲的此塔,塔基用花岗岩石块砌成,八个角都有一个托塔力士石雕。石

琶洲塔（[英]安东尼·菲尔丁绘于1830年）

"粤商文化"丛书

漫话十三行

雕人像并不稀罕,稀罕的是,这些高鼻深目的托塔力士是欧洲人的形象。

琶洲塔,建在珠江水道的广州入口处,同光塔一样,有航标的作用。见到琶洲塔,远航的外国人终于长吐一口气:广州到了。琶洲塔比怀圣寺的光塔年轻得多,离市中心也远得多,这说明,由于泥沙的淤积,珠江口离广州越来越远。

琶洲塔告诉我们,此时,欧亚大陆西边的欧洲人已经来了,到了欧亚大陆东边的中国,而且是从海上来的,不像元代时的意大利人马可·波罗,穿行的是中国西北的大沙漠。琶洲塔立在那儿,算是证据确凿。

此时又是何时?琶洲塔建于1597年,为明朝万历二十五年。

欧亚大陆中间的阿拉伯和波斯商人呢?

美国历史学家斯塔夫里阿诺斯说过:"就经济标准而言,近代初期穆斯林各国用现在的术语来说都是发达国家。无疑当时那些为了抵达传说中遥远的印度和香料群岛而愿意面对任何艰难的西欧人也是这样认为的。"[1]

发达国家国力强盛,军力也强盛,强盛的阿拉伯世界不断扩张,压得西边的人喘不过气来。

古代没有冷库,没有冰箱,没有防腐剂,保存食物历来是个老大难,尤其对嗜好肉食的欧洲人而言,办法除了用盐就是用香料腌。所谓香料,包括胡椒、丁香、肉桂、豆蔻等,最主要的是胡椒。香料在全世界都是极受欢迎的商品。

欧洲不产香料,因此香料价格奇高,贵同金银。

香料产自东方的南亚和东南亚,印度尼西亚的马鲁

琶洲塔上的石雕

古群岛更被称为香料群岛。东方的香料是由中间的阿拉伯和波斯商人贩到西方去的。

因为《马可·波罗游记》以及类似的种种传说，西方人对包括印度、中国、香料群岛在内的东方，向往之心一日强似一日。心既向之，人欲往之，无奈西边与东边隔着强大的阿拉伯。要得到宝贵的东方商品，西方人少不得忍气吞声。求人难啊！

命运还要折磨西方人。1299年（元大德三年），一个叫奥斯曼的土耳其首领在西亚建立了一个新国家，这位雄主的英名被后人用来命名这个崛起的新兴之国。不断扩张的奥斯曼帝国雄霸一方，在欧亚大陆的半中腰截断了西方人通往东方的传统商路。

被置于死地的西方人牙一咬，心一横，决心绕过这个"中间"，亲自闯出一条到东方去的生路。"就像寻找水的植物一样，欧洲人将他们的根系伸向远东，踏上任何能找到香料的据点。"[2]

迢迢万里，惊涛骇浪，谈何容易！经过几代人的海上搏杀，淌了多少汗，流了多少血，沉了多少船，死了多少人，葡萄牙人首先驾着他们的风帆船来到印度洋西侧，也就是非洲莫桑比克的东海岸。葡萄牙人这次运气不错，找到了向导伊本·马季德，在这位阿拉伯航海家的一路指引下，1498年（明弘治十一年）5月到了印度。

从欧洲往东方的航路打通了！

到了印度就好办了，葡萄牙人乘胜追击，接驳上了波斯和阿拉伯商船往东方的传统航线。

欧亚大陆西边的人径直而东，终于有一天，大陆

将奥斯曼帝国推向巅峰的苏莱曼一世

"粤商文化"丛书

漫话十三行

葡萄牙里斯本港口,许多商船正准备起航(16世纪的版画)

最东边的中国,尤其中国的广州,遥遥在望。

1514年(明正德九年),葡萄牙人阿尔瓦雷斯到达珠江口东侧的屯门。1517年(明正德十二年)8月15日,一支葡萄牙船队抵达珠江口。这是葡萄牙的一个使团,特使叫皮雷斯。

英国学者赫德逊的评价可称字斟句酌:"这是欧洲人第一次从全海路来到远东。"[3]

欧洲人并不是第一次来远东,赫德逊特别强调,这个第一次是——全海路。

我们来描述一下葡萄牙人开辟的这条"全海路":从欧洲出发,沿着非洲西岸也即大西洋的东缘南行,绕过非洲最南端的好望角,然后横跨印度洋，穿过马六甲海峡或巽他海峡进入东南亚，再沿着中南半岛由南海北上至中国广东。

这条好望角航线，从此成为中国和西方世界交往的主要通道。

从自然经济走向商品经济，是历史发展的必然。商品的特性是交换，交换就得流通，商品流通的最好方式就是水路运输。

900多年前，中国的《新唐书·地理志》就说："上取江陵木以为船，一船之载当中国数十辆车。"[4]

100多年前，英国经济学家亚当·斯密也说："水运开拓了比陆运所开拓的广大得多的市场。"[5]

地球是个水球，表面面积的70%是海洋。以哥伦布发现美洲大陆、达·伽玛到达印度、麦哲伦环球航行为标志的地理大发现之后，西方掀起一浪又一浪征服海洋的狂潮。

当西方人征服海洋，那70%就成了他们的商品大通道。

当西方人征服海洋，西方人就引领了商品经济的历史新潮流。

千年外贸港口广州，开始出现新的外埠客商，非同寻常的客商。

西方来的客商，显示出比阿拉伯和波斯商人更猛的来势、更大的派头。明万历年间，周玄暐在《泾林续记》中就描述说，那些西洋船，"每一舶至，常持万金，并海外珍异诸物，多有至数万者"[6]。

一位葡萄牙神父在1555年（明嘉靖三十四年）

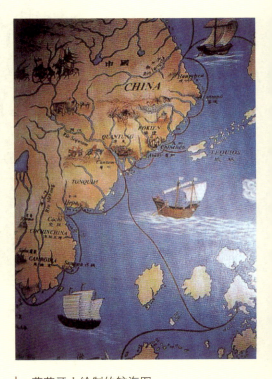

葡萄牙人绘制的航海图

漫话十三行

在欧洲港口卸货的商船（绘于15世纪）

11月23日写给印度果阿的信中提到，葡萄牙人在广东上川岛同中国人做交易，短短1个月就出手了3万多担从马六甲运来的胡椒，以及价值10万克鲁扎多从日本运来的白银。

初时，每年前来的西洋商船只有两三艘，很快增加到20多艘，总之是成倍地打着滚儿地增长。

16世纪初，葡萄牙人初次登陆广东；16世纪末，西欧人被雕刻成托塔力士，登上了广州的琶洲塔。

前往东方寻求财富的西方人，搅得古老的广州港灿然一新。

―――――――

[1] 斯塔夫里阿诺斯. 全球通史：从史前史到21世纪　第7版　下册 [M]. 董书慧, 王昶, 徐正源, 译. 北京：北京大学出版社，2005：353.

[2] 多林. 美国和中国最初的相遇：航海时代奇异的中美关系史 [M]. 朱颖, 译. 北京：社会科学文献出版社. 2014：33.
[3] 赫德逊. 欧洲与中国 [M]. 李申, 王遵仲, 张毅, 译. 何兆武, 校. 北京：中华书局, 2004：165.
[4] 杨槱. 帆船史 [M]. 上海：上海交通大学出版社. 2005：52.
[5] 斯密. 国民财富的性质和原因的研究：上卷 [M]. 郭大力, 王亚南, 译. 北京：商务印书馆. 1972：17.
[6] 梁嘉彬. 广东十三行考 [M]. 广州：广东人民出版社, 1999：61.

四、有一个行当叫官牙

来自各方的商人，阿拉伯的、东南亚的、欧洲的，他们带来了世界各地的商品，也带来了对中国出口商品的巨大需求——是中国的商品，绝不仅仅是广州的商品。也就是说，成百上千、成万上亿的中国出口商品和外国进口商品，在这里集，在这里散。

外国商人向谁卖出外国商品，向谁买到中国商品？也就是说，谁是他们的交易对手。

这个谁，是"牙"。

牙，又叫牙人、牙侩、牙郎、牙商等，他们的行业叫牙行，是中国很古老的一个行当，类似于今天的经纪人。《水浒传》一百零八将里的浪里白条张顺，原来就是一个鱼牙。

为什么这个行当要叫"牙"？好像还没有确切的说法。也有人说，这种行当早先活跃于牲畜市场。牲口年龄大小决定它的价钱高低，要辨别出牲口的年龄，就要掰开它的嘴巴看牙齿，而这些撮合买卖双方交易的人是破译牲口牙齿密码的高手，于是渐渐被称为牙人。这种说法姑且听之。

荷兰商人（海尔斯特绘于1669年）

"粤商文化"丛书

漫话十三行

明代小说《醒世恒言》第十八卷里,描写了一个"牙"的交易情景:

说的是苏州府下的盛泽镇,有个叫施复的织户,一日,拿着自家织好的四匹绸子到镇上找一个相熟的行家。进得门去,只见门口有许多像他一样卖绸子的当地人,屋里有三四个买绸子的外来客商,而主人家则忙活着查验绸匹,评定价钱。

施复见状,分开众人,把自家的绸子递给主人家,也就是那个相熟的行家了。主人家接过来,逐一翻看一遍,用秤称过(古时交易货物常以重量计价),报出价钱后,转手将绸匹递给在场的一个外地客人,一边还热情推荐说:这施一官是个厚道人,你只管把银子给他好了。

那客人就是买家,显见得他是信任主人家的,便称出了细纹银子。施复接过银子,自己又称过一遍,觉得轻了,于是向那客人提出异议,客人再添给他一二分。这桩交易就算成了。施复收好了银子,向主人家拱一拱手,说了声"有劳",转身离去。

这位"主人家"就是牙人。

陈国栋先生指出过,"主"与"客"是对应的称呼。从事长距离贸易的商人被称为"客商",而在当地接待他们的"牙行"则被称为"主人"。

由此可见,牙人的作用就是沟通撮合卖家与买家,促成双方的交易。牙人不会白干,或买方或卖方或买卖双方得给他好处,那就是中介费。

明代的集市贸易

17世纪的屏风上,绘有前往东方贸易的葡萄牙商人

《醒世恒言》的描写还告诉我们,早时牙人的活动纯属民间的经济活动,作为自由的个体户,牙人在市场中依照自己的意愿主持商品交换。

广州是面向海洋的对外贸易,自有一番不同于苏州府的光景。广州的牙人,中山大学教授蔡鸿生先生就将其称作舶牙;与《醒世恒言》里"主人家"一类牙人的不同之处,就在这个"舶"字上。"舶"是海船,在广州还特指外国的商船。据陈柏坚和黄启臣先生研究,早在元代,"随着海外贸易的兴旺和活跃,广州也出现了'舶牙'这种专营进出口贸易业务的代理人"[1]。

舶牙们要面对大量的外国商人和中国内地商人,而且中外双方往往既是买家又是卖家。舶牙们要面对世界各地大量的进

漫话十三行

口商品和中国各地大量的出口商品，其工作的强度和难度，与苏州府那位"主人家"一类的内地牙人相比，简直一个天上一个地下。

以帝王将相为主角的中国史书里很少有商人的影子，我们今天很难知道当年广州牙人做买卖的种种细节。然而，他们面对的是世界上最阔绰的外国商人。宋代史书记载，绍兴元年（1131），一个叫蒲亚里的阿拉伯商人，一次进货就有大象牙209株，大犀角35只。经手如此这般的大宗生意，不难想象，舶牙除了一般中国商人必须具备的能力，还需要了解国外市场行情，知晓国际贸易的游戏规则，掌握与外国人交易的技巧，甚至要多少懂点外国语言。总之，对外贸易是实践性、操作性都很强的一门专业。

明初，朱元璋刚坐了江山，中央政府就下令禁止牙行，违者判刑、充军。那么在广州，牙行的事交给谁来做呢？官府。

只可怜那些读圣贤书出身的大小官员，哪里懂得做生意，尤其是外国人的生意。没有了舶牙，广州的外贸市场乱成了一锅粥。

知道自己玩不转了，明王朝只得恢复牙行，但必须在官府的严格控制之下。所以，梁嘉彬先生说，十三行初称"官行"，亦曰"官牙"。[2]

德国教授鲍克莱尔也说："早期对外贸易操于 Ya hang（牙行）即 Kuan hong（官行）之手，此为经官方认可的掮客及商人之组合，此等掮客及商人即被称为 Kuan Shang（官商）。"[3]

明代有律条："凡城市乡村，诸色牙行，及舶之埠头，并选有抵业人户充应。官给印信文簿。"[4] 按明政

明太祖朱元璋

府规定，充任官牙的人必须富有资产，由官府给这些牙人发印信文簿，姓甚名谁、籍贯何处、商行字号、地址何处、货物数目……印信文簿上都得填写得清清楚楚、明明白白。每个月还得上官府接受检查。

与官牙相对的是私牙，也就是没有领取官方营业执照（官颁牙帖）的商人。

明万历之后，在广东的对外贸易中，有三十六行代市舶司盘验收税。

要是有人胆敢私自充当官牙，一经发现，不但做买卖的全部收入被官府没收，还要挨60棍棒。要是有其他官牙暗中包庇，官府一旦得知，这个包庇者挨50竹板子之后还要被取消官牙资格。

就这样，广州的牙，早早就脱去了原本的民间色彩，早早就匍匐在了皇权的阴影里。

李庆新先生在研究明代的官牙时，引用过当年的葡萄牙人托梅·皮雷斯在《东方概要》中的一段描述——

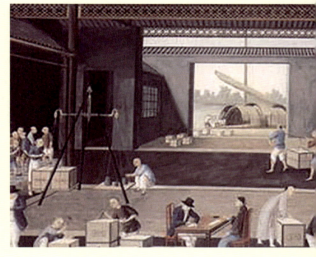

正在与外国经商的广州商人，大门外停泊着船舶

  那时的中国官府不想让葡萄牙商人接近作为岭南政治中心的广州，因此位于珠江口的南头镇成了中外交易的地点。托梅·皮雷斯记载，当他们的商船到了南头，"南头的大人见到船来后马上报告广州，广州的估价师前来为货物估价征收关税。他们还带来充足的货物，因为这里习惯以货易货。他们问你们想要什么货物，然后把货物带来"。[5]

由此记载可知：南头镇上的长官见到外国商船，

第一章　十三行前事

漫话十三行

第一步做的是报告广州。所用"报告"一词,告之的对象显然是作为上级的广州官府;然后才有代表官方的"估价师"过来估价,收税,交换中国的出口商品……

在官府的积极扶持下,"广州专任对外贸易之商人组织渐渐严密,其权力亦渐渐扩充,且有政府为其后援矣。每届开市期限,群自广州赴澳门承买番货,获得甚丰"[6]。

直到后来清代的乾隆二十二年(1757),闽浙总督喀尔吉善、两广总督杨应琚在奏章中仍将这类广州商人称为"牙":"外洋红毛等国番船,向经粤海关稽查征收、投牙贸易……"[7]

这就是广州对外贸易中的官牙。

官牙便是十三行的雏形。

---

[1] 陈柏坚,黄启臣.广州外贸史[M].广州:广州出版社,1995:129.

[2] 梁嘉彬.广东十三行考[M].广州:广东人民出版社,1999:18.

[3] 梁嘉彬.广东十三行考[M].广州:广东人民出版社,1999:412-413.

[4] 黄启臣.广东商帮[M].合肥:黄山书社,2007:26.

[5] 李庆新.明代海外贸易制度[M].北京:社会科学文献出版社,2007:260.

[6] 梁嘉彬.广东十三行考[M].广州:广东人民出版社,1999:61.

[7] 梁廷枏.粤海关志:校注本[M].广州:广东人民出版社,2002:158.

第二章
一次特别的机遇

"粤商文化"丛书

漫话十三行

    1757年12月20日，乾隆皇帝登龙廷的二十二年十一月初十，从紫禁城下发了一道针对广州外贸的上谕。该上谕明确：洋船"只许在广东收泊交易，不得再赴宁波。如或再来，必令原船返棹至广，不准入浙江海口"。同时下令广东官员行文告诉西方各国商人，"嗣后口岸定于广东"。[1]

    这就是人们常说的"一口通商"。

    这一决策，不论当时的人和后来的人如何评价，对于广州来说，尤其对于十三行，它带来的是一次特别的机遇。就像梁嘉彬先生说的："自此广州十三行行商之地位直凌霄汉矣。"[2]

---

[1] 萧致治，杨卫东．西风拂夕阳：鸦片战争前中西关系[M]．武汉：湖北人民出版社，2005：219．

[2] 梁嘉彬．广东十三行考[M]．广州：广东人民出版社，1999：92．

乾隆帝上谕

一、皇帝偏爱广州吗

    从1757年至1842年，也即乾隆二十二年至道光二十二年，一口通商这85年，是十三行最辉煌的年代。一口通商的决心是乾隆皇帝下的。乾隆皇帝怎么这么偏爱广州呢？这还要从乾隆的爷爷康熙皇帝和他们的时代说起。

那是一个资本主义大扩张的时代，也是一个殖民主义大扩张的时代。

扩张，是文绉绉的中性词，直白地说，是侵占和抢掠。

葡萄牙、西班牙、荷兰、英国、法国……西欧一个个濒海的国家先后迅速崛起，他们跑到各大洲各大洋，侵别人的国家，占别人的地盘，抢别人的资源，掠别人的人口。我的是我的，你的也是我的，他们遵循的是以强凌弱的丛林规则。意大利学者安贝托·艾柯说得很明白："这颗行星上，人是掠食同类的狼，全球和平似乎是没指望的。"[1]

西方的狼同样想抢中国，但一个严峻的事实横在它们面前：中国不弱。"它是全世界已知的最强大的国家。"[2] 16世纪的西班牙人门多萨这般说。广袤的国土、众多的人口、丰富的物产，单论GDP，就是当之无愧的世界第一。如此一来，西方人便"强"不起来，也"凌"不下手。

葡萄牙是那时西方的第一匹狼。冷眼观察葡萄牙人在世界各地的暴行，历史学家C.P.菲兹杰拉德评价说，"贸易只是掠夺不成的次选方案。如果对手实力较弱或准备不足，葡萄牙人就会攻击对方的船只和城市，屠杀'异教徒'，并将港口作为贸易基地。如果对手实力强大或备战充分

西班牙殖民者残酷迫害秘鲁的印加人
图为印加国王跪求西班牙人。

出警入跸图卷（明代宫廷画家绘）
明代皇帝的出巡盛况，展示了东方第一大国的富强。

第二章　一次特别的机遇

"粤商文化"丛书

漫话十三行

地,葡萄牙人则会与之贸易,只要有机会,他们就更愿意充当掠夺者的角色"[3]。

菲兹杰拉德明白地告诉人们,葡萄牙人的上策是掠夺,下策才是贸易。面对强大的中国,西方的"狼们"只好也只能选择下策,也就是"次选方案":到中国做生意。

暂时收敛了狼性的西方人第一个瞄上的是广州。广州的繁盛让他们眼花缭乱:"如此众多的商人云集广州,但从来没有人无生意可做,而且货物非常多,每一种都适合;只要我们能与中国自由通商,那就足够了,不需要再有任何国家,因为整个东方和全世界所需要的一切中国全都有。"[4]这是葡萄牙人安东尼奥·博卡罗的一段话,出自他于1635年(明崇祯八年)在印度西海岸果阿写的书里。

早期澳门全图(版画 狄奥多·德·布里,绘于约1598年)

葡萄牙人从欧洲、非洲、南亚、东南亚一路走来，深深明白广州的至关重要，他们怎么可能不打广州的主意？但广州是省城，中国官府守得死死的，要想图谋广州，等于搬梯子摘星星。葡萄牙人的目光在广州周围反复扫视，于是瞄上了广州南边不远的香山，濒海处有一个渔民聚居的村落。葡萄牙人以晾晒东西为由，贿赂了明代的官员，租借了这个被他们称作Macau的澳门。

葡萄牙人起了头，西班牙人、荷兰人、英国人等接踵而来。

西方商船越来越多，西方商人越来越多。1685年（康熙二十四年），雄才大略的康熙皇帝顺时应势，在东南沿海首次设立了四个海关：江海关（江苏云台山）、浙海关（浙江宁波）、闽海关（福建漳州）、粤海关（广东广州）。

康熙二十五年（1686），皇帝有上谕，说到了他的这一重大举措："国家设关榷税，必征输无弊，出入有经，庶百物流通，民生饶裕。"[5]是啊，设立海关了，国家税收顺畅了，进出口贸易有序了，商品流通了，民众有钱赚了——皆大欢喜是也。

不想，只过了72年，康熙的孙子乾隆皇帝就对西方人关掉了东海岸的三个海关，只留下南海边的粤海关。一口通商的"口"，指的就是粤海关。

严格地说，其他几个海关与亚洲各国之间的海洋贸易一直没有因此间断。而在中国北方还有一个面向

康熙帝出巡图（清代宫廷画家绘）

"粤商文化"丛书

漫话十三行

欧洲的通商口岸，连着俄罗斯的恰克图，就是蒙古边境的买卖城。但买卖城只有陆运的商路，它的作用和影响远逊于广州口岸。

一口通商，只是一个通俗的说法。就海洋贸易而言，广州是唯一面向欧美开放的通商口岸。

经过地理大发现，闯荡海洋的西方人已经将世界连在了一起，这边厢的中国却反其道而行之，大幅度收缩通商口岸，其中必有玄奥。

一个巴掌拍不响，"一口通商"的缘由得从中国与西方的两面说起。

不请自来的西方人确实不是什么善茬儿。他们人多势众，船坚炮利，野心勃勃，杀气腾腾。当年的屈大均，广东的一位历史名人，一面赞赏广州的"银钱堆满十三行"的盛况，一面忧心忡忡地告诫人们："洋舶通时多富室，岭门开后少坚城！"

看看中国的周遭，有多少国家陷落于西方人之手。中国的主权有危机！大清帝国的

清军收复喀什噶尔之战（清代宫廷画家绘）

当家人，忧患意识不得不强。康熙在晚年时便警告过臣民："海外如西洋等国，千百年后，中国恐受其累，此朕逆料之言。"[6]

而清朝这头，朝野上下都明白，这万里锦绣江山是骑在马背上的满洲八旗兵打下来的。八旗兵来自大陆深处的苍山莽原，他们在中华大地东征西伐，酣畅淋漓，但最后冲到海边时，霎时勒住缰绳，急刹的战马前蹄高腾，长声嘶鸣。只见海浪滔天，无边无际，神秘莫测，让八旗兵愣怔着眼直发怵。

而这些西方人正是从他们发怵的海上而来。

一个人数极少的民族，靠着刀枪镇压了千千万万的民众，虽说八旗骁勇，内心深处到底发虚。

可要彻底封杀西方贸易，不现实，不可能，也不情愿，西方人可是带来了一船一船的白银呢。清朝皇帝自然是英明睿智的：就留下一个海关吧。

马克思在谈到清政府的这个决策时说："这是为了阻止它的其余臣民同它所仇视的外国人发生任何联系。"[7]

四个海关中留下哪一个呢？自然是与西方人往来最多的那一个。除了广州，还能有哪一个？

一口通商，造就了广州一段非同寻常的难以复制的辉煌。那时，广州有多条航线通往世界各地：

广州—澳门—果阿—里斯本—欧洲。

广州—澳门—长崎。

广州—澳门—马尼拉—墨西哥—巴西。

广州—澳门—望加锡—帝汶。

鸦片战争前欧洲与中国的东向贸易路线

鸦片战争前欧洲与中国的东向贸易路线，分海陆两路：陆路从俄罗斯到恰克图通中国北疆；海路走中国南海，主要前往广州。

第二章 一次特别的机遇

"粤商文化"丛书

漫话十三行

广州—澳门—纽约。

广州—澳门—温哥华。

广州—澳门—澳大利亚。

广州—澳门—俄罗斯等。[8]

条条国际航线，条条西洋商船，源源不断的财富从广州流向京城。

条条国际航线，条条西洋商船，源源不断的西方人乖乖地被圈在了广州"一口"。

成功地把白银拿到了手，成功地防住了西方人。"嗣后口岸定于广东"的决策，清朝皇帝自我感觉甚好。

皇帝偏爱广州吗？说到底，最爱的还是他自己，还有那张他要传给爱新觉罗子孙万代的龙椅。

---

[1] 新华文摘，2007（16）：140.
[2] 门多萨. 中华大帝国史 [M]. 何高济，译. 北京：中华书局，1998：79.
[3] 多林. 美国和中国最初的相遇：航海时代奇异的中美关系史 [M]. 朱颖，译. 北京：社会科学文献出版社，2014：34.
[4] 澳门文化杂志社. 十六和十七世纪伊比利亚文学视野里的中国景观 [M]. 郑州：大象出版社，2003：226.
[5] 梁廷枏. 粤海关志：校注本 [M]. 广州：广东人民出版社，2002：2.
[6] 谭树林. 英国东印度公司与澳门 [M]. 广州：广东人民出版社，2010：253.
[7] 中共中央马克思恩格斯列宁斯大林著作编译局编. 马克思恩格斯论中国 [M]. 北京：人民出版社，1993：7.
[8] 赵春晨，冷东. 广州十三行与清代中外关系 [M]. 广州：世界图书出版广东有限公司，2012：278.

二、蜜饯和小菜也要管

一口通商当属国家重大决策，不过，洋人到广州后，他们饭桌上的蜜饯、小菜、腌肉什么的，圣明烛照的中国皇帝也是要管的。有人证也有物证，证明皇帝对广州的关怀备至，以至于事无巨细。

话说乾隆二十四年（1759），皇帝向广州派了一个钦差叫新柱。新柱在广州办案的同时也发现了一个问题，于是写了一份奏折拜发朝廷。什么重大问题值得钦差郑重地向皇帝报告呢？奏折里说："窃照番商来粤贸易，所带食物如牛奶油、番蜜饯、洋酒、面头、干番小菜、腌肉、腌鱼等物，进口之日，俱各照例征收税银，其食用余剩出口之日，例仍输税。"[1] 就是说，西方人带来的这些日常小食品，进广州时要向中国官府交一次税；这些食品如果没吃完而带回去，离开广州时还得再交一次税。

这不合理。于是新柱请示："可否仰邀皇上殊恩，俯念番商食用所需，已征进口，所有出口税银，特颁谕旨，准予豁免，则凡属番商，均沐皇仁于无既矣。"[1]

这么一点蝇头小利，对清朝政府庞大的税收来说只是一粒尘埃。但这一粒尘埃的去留，皇帝不做出圣裁，谁敢轻举妄动？

别埋怨清朝皇帝小心眼儿。我们不妨翻点陈年往事。

就说唐代末年吧。往日辉煌灿烂的盛世唐朝此时已经风雨飘摇，在大动荡、大混乱中，黄巢起义军横扫千里，也扑向了南疆的广州。李氏王朝意欲妥协，黄巢便开出了一个价码：要当岭南节度使。

这个价码，遭到长安朝臣们义愤填膺地反对。其中，右仆射于琮说得很透彻：广州每年都向朝廷进贡珠玑，如此"市舶之利"给了黄巢，那贼寇岂非财更大气更粗？

黄巢垂涎欲滴，朝臣厉声回绝。广州的这个"市舶之利"，到底有多大？

《晋书·吴隐之传》说："广州包带山海，珍异所

乾隆皇帝

第二章 一次特别的机遇

"粤商文化"丛书

漫话十三行

唐宋时期繁忙的广州扶胥港　广州海事博物馆　展板图片

出,一箧之宝,可资数世。"[2]广州的奇异珍宝,只就装满一个小箱子就足够几代人享用了。

乾隆年间,在广州做官的四川人李调元在《南越笔记》中记载,即使是广州的升斗小民,"持一二钱之货,即得握椒,辗转交易,可以自肥。广东旧称富庶,良以此云"[3]。

广州的"市舶之利",足以敌国！足以敌国的肥水得流入自家田里！

早在南宋绍兴七年（1137）,宋高宗赵构就有上谕："市舶之利最厚,若措置合宜,所得动以百万计,岂不胜取之于民！"[4]到绍兴十六年（1146）,这位皇帝又有上谕："市舶之利,颇助国用。宜循旧法,以招徕远人,阜通货贿！"[5]

所以,历朝历代,广州的外贸税收都是充盈皇库的；换句话说,历朝历代,对外贸易都是中央的特权，而不是广州的地方特权。

1585年（明万历十三年），在罗马出版的《自西班牙至中华帝国的旅程及风物简志》中，马尔丁·依纳爵·德·罗耀拉就写道："在广州市，人们十分有把握地告诉这位神父（依纳爵·德·罗耀拉）说，五百年来由葡萄牙人以及由暹罗王国及周边其他〔王国〕缴纳的赋贡，加上所有各省上缴的赋贡，全都存在该城皇帝的金库之中，据约略估计，比人们相信的数量要多出千千万万。"[6]

这位西班牙作者话说得不太实在，那"五百年"估计也就50年吧，但事情大体是这样。

到了1839年（道光十九年），粤海关征得税银1 448 558两。广东留下总数的6%，即8万多两，其中，4万多两留给广东省政府，4万多两留给海关自己使用。其余的94%全部准时送往北京，其中，1 002 909两解入户部的国库，355 000两解入内务府，即皇帝的私库。

这就难怪广州口岸被称作"天子南库"，皇帝在南边的财富仓库。

在谈到设立海关的初衷时，康熙皇帝在上谕中说："国家设关榷税，必征输无弊，出入有经，庶百物流通，民生饶裕。"[7] 什么"百物流通"，什么"民生饶裕"，那是说得好听，"国家设关榷税"才是关键词。

再说，大清帝国不是往日的唐宋元明，现在往这个"天子南库"输银进宝的可是汹涌而至的桀骜不驯的西方人！千里之堤，溃于蚁穴，西方人的饭桌当然也属"蚁穴"。

宋高宗赵构

第二章 一次特别的机遇

乾隆皇帝，一代英主，在遥远的北京紧紧地盯着广州，西方的人，西方的船，西方的蜜饯、小菜、腌鱼……

这个"南库"是清朝皇帝的。"南库"的小事，清朝皇帝要管；"南库"的大事，清朝皇帝更要管。

---

[1]梁嘉彬.广东十三行考[M].广州：广东人民出版社，1999：99.

[2]胡巧利.广东方志与十三行：十三行资料辑要[M].广州：广东人民出版社，2014：95.

[3]胡巧利.广东方志与十三行：十三行资料辑要[M].广州：广东人民出版社，2014：55.

[4]梁廷枏.粤海关志：校注本[M].广州：广东人民出版社，2002：30.

[5]梁廷枏.粤海关志：校注本[M].广州：广东人民出版社，2002：33.

[6]澳门文化杂志社.十六和十七世纪伊比利亚文学视野里的中国景观[M].郑州：大象出版社，2003：143.

[7]梁廷枏.粤海关志：校注本[M].广州：广东人民出版社，2002：2.

清代初年珠江边接待外国使者的怀远驿

三、要管就要有官

古代的中国，是世界上最强大的国家之一。强大的古代中国有着成熟的完善的中央集权机制。中央历来重视对外贸易，也具有强大的用以"重视"的力量。"在中央集权的传统社会中，政治具有超经济的力量，能够干预经济活动，甚至左右某些行业的发展方向。对于海外贸易这样受到贸易港口、交通条件、商品供给等多种因素限制的行业更容易被封建政府所制约。"[1]

广州港（[瑞典]斯文·诺德奎斯特绘）
停泊广州的外国商船旁，有一条正在执行公务的中国官船（画面右），船头有人鸣锣开道。

中央政府所谓重视，首先是对外国人和外国贸易的管控。

要管，就要有官。

早在建造怀圣寺光塔的唐朝，中国对外贸易第一大港广州，第一次迎来了专门负责管理监督对外贸易的朝廷命官——市舶使。但只有官，还没有正式的机构。

宋朝进了一步，不但有市舶使，还第一次设立了专门机构——市舶司。第一个市舶司自然设在广州（广南），之后又有两浙、福建、京东等地。

市，本指买卖，所谓市场，就是做买卖的场地。"市舶"二字，抢眼球的是那个"舶"，指的是海船，包括中国的船、外国的船。市舶司，有点儿海关的味道了。

元、明及清初都因袭了旧制。

"粤商文化"丛书

漫话十三行

面对汹涌而至的西潮之东涌，1685年（康熙二十四年），康熙皇帝在东南沿海首设四个海关：江（江苏云台山）、浙（浙江宁波）、闽（福建漳州）、粤（广东广州）。

海关有两大职能：一是征收关税，二是管理对外贸易。

有了海关，也就正儿八经地配备关长了，那时叫海关监督。海关监督的行政级别大大高于以往的市舶司首长。

地方行政长官最高级别是总督，统辖两三个省，为朝廷的从一品大员。接着是各省的省长，叫巡抚，品级为正二品。两者合称督抚，是过去常说的封疆大吏。海关监督与督抚是平起平坐的，只是排名在其后。

总之，市舶司进化成了海关，市舶使进化成了海关监督。不论怎样进化，有一种血统是一脉相承的：各朝各代，管外贸的官都是皇帝的亲信。

粤海关官船

粤海关官船，旗帜上书"钦命粤海关"，船侧插有红色的牌子，一个上书"钦命"，一个上书"粤海关"。

唐代在广州初设的市舶使，是独立于广东当地政府之外的，由朝廷垂直管辖，或者说，直接向朝廷负责。唐中叶以后，干脆就直接由宫廷太监甚至皇帝的心腹太监出任市舶使。

明代也派出太监，虽然他们不当市舶使，但以钦差的身份监管市舶司，这些趾高气扬的太监实际上排斥甚至架空了市舶司。

清代的海关比前代的市舶司有进化，但骨子里没有进化。

美国人马士是研究中国历史的权威，他在《中华帝国对外关系史》一书中将"广州海关监督"专门列为一节，并明确地指出，广州海关监督"是皇帝的直接代表"，并且一直以来"就用满洲人充任"。[2]

大清帝国的"天子南库"与京城隔着万水千山呢，不派心腹看着、管着，皇帝怎能把心放到肚子里？

粤海关在四个海关中最为重要。

旧时广东的海岸线有6 000多千米，如《粤海关志》所说："粤东之海，东起潮州，西尽廉，南尽琼崖。"[3]粤海关辖区包括如今的广东省、海南省、香港特别行政区和澳门特别行政区的沿海地区，下设七个总口：省城大关、澳门、惠州、潮州、雷州、琼州、高州，各总口下再设若干小关。

比如由广州往东800千米，有位于潮州揭阳县的北炮台口。

比如由广州往西900千米，有位于

明代宦官

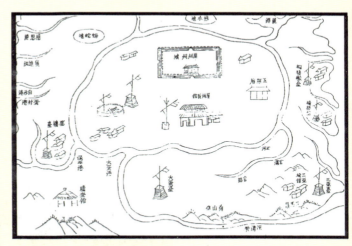

位于琼州府的崖州口图

第二章 一次特别的机遇

漫话十三行

廉州府的钦州口。

比如由广州往南 1 350 千米,有位于海南岛琼州府的崖州口。

所有大大小小的关口,以广州省城大关和澳门总口最为重要,澳门总口在离广州 150 千米的香山县。

省城大关亦即粤海关监督的公署衙门,设在广州珠江堤岸的五仙门内,那儿是盐政院的旧址,现在这一片叫海珠广场;粤海关监督另有行署在澳门。

粤海关门前旗杆上高高飘扬着明黄色的旗帜,旗帜上赫然醒目的大字是粤海关的全称:"钦命督理广东沿海等处贸易税务户部分司"。只有皇帝才能享用明黄,只有皇帝才有资格动用"钦"字;扛得起明黄色"钦命"的,必为非常之人。

就说第一任粤海关监督。宜尔格图,满洲人,中央机关吏部郎中。郎中,相当于今天中央部委中的司长,仅次于尚书(正部长)、侍郎(副部长)。1680 年(康熙十九年),皇帝平定了三藩,其中一藩便是盘踞广东的平南王。康熙随即恢复了市舶司提举司,并钦点宜尔格图为市舶司提举。5 年后,粤海关设立,宜尔格图即转任粤海关监督。

粤海关监督衙门

很快，宜尔格图为粤海关制定了《开海征税则例》。这是中国的第一个海关法则。康熙显然是满意的，他下令将《开海征税则例》分发其他海关，让各海关以此为基础，也可以根据当地的具体情况做部分增减。

由此可见，粤海关和宜尔格图在康熙心目中的分量。

到了乾隆皇帝那儿，这个分量又重重地加码。因为对西方海洋贸易而言，其他三个海关被乾隆闭掉了，全中国只剩下一个直接面对西方人的海关关长——粤海关监督。

身负皇命的粤海关监督，头，昂得更高，腰，挺得更直。

除了作为"一把手"的监督，粤海关的各级官员也由朝廷任命，由任期之始而来，随任期之终而去。基层役吏则不同，他们不随官员而去留。这些役吏通常是官员带来的幕友和家丁，或是地方上的书吏和巡役。

广州口岸有管，配套完备的海关管理体制。

广州口岸有官，职数齐备的粤海关官吏。

管配官，官掌管，不论是管还是官，懂不懂外贸业务不重要——事实上很多官并不懂外贸业务，最重要的是政治坚定，也就是对皇帝赤胆忠心，为皇帝搂金送银。

---

[1] 黄纯艳. 宋代海外贸易[M]. 北京：社会科学文献出版社，2003：179.
[2] 马士. 中华帝国对外关系史[M]. 张汇文，姚曾廙，杨志信，等译. 上海：上海书店出版社，2000：17.
[3] 梁廷枬. 粤海关志：校注本. 广州：广东人民出版社，2002：59.

四、官而后的商

1685 年（康熙二十四年），粤海关设立，粤海关监督随之上任。为了把皇帝的伟大战略部署落到实处，管辖广东与广西的两广总督吴兴祚、广东巡抚李士桢、粤海关监督宜尔格图，三颗脑袋迅速凑到一起，商量出一个重要决定。1686 年（康熙二十五年）4 月，这个重要决定写入一份叫《分别住行货税》的政府文告中，以广东巡抚李士桢的名义公布于众。

漫话十三行

《分别住行货税》，意思就是分开住税和行税。所谓住税，即国内贸易的税收；所谓行税，即对外贸易的税收。文告说，从今往后，广州所有的商行分为两种，一种是专做国内贸易的金丝行，一种是专做对外贸易的洋货行。与之对应，所有国内贸易的税收，由金丝行上交税课司；所有外贸税收，由洋货行上交给粤海关。

因为分开住税和行税，《分别住行货税》文告明确分开了两种不同的商行：要么面向国内，要么面向海外，没有中间路线。广州现有的商家必须选边。文告特别提到，专营海外贸易的洋货行，必须是"身家殷实之人"，而且要"呈明地方官"。

假如有人既想做国内生意，又想做海外生意呢？这个问题，广东官家也考虑到了。所以文告又规定，"即有一人愿充二行者，亦必分别二店，各立招牌，不许混乱一处"[1]。

总而言之，《分别住行货税》文告的主题是，分开广州口岸的国内与海外两种贸易，暗含的玄机在于两个字：垄断。

这个公告如同划了一道楚河汉界，将楚与汉分拆开。广州的商人鲜明地分成两拨，一拨是直属粤海关管理的十三行商人，又称"行商"，一拨是不入流的行外商人。

关于十三行缘起的时间，学术界有不同的说法。但1686年这个时间点是大家公认的：因《分别住行货税》文告而有了垄断海外贸易的十三行商人。

十三行商人的地位陡然提高。

早期的粤海关砝码，用于称量税银

如前所说，广州的海外贸易在皇家的利益范围里，皇帝不但要钦点粤海关监督，还要钦命专营的商人。

行商的准入门槛很高，嘉庆皇帝对此专有指示，"不得滥保身家浅薄之人承充洋商"[2]。

1813年（嘉庆十八年），粤海关监督在奏折中也提到："洋商承揽夷货，动辄数十万两；承保税饷，自数万两至十余万两不等，责成綦重，非实在殷实诚信之人，不克胜任。"[3] 粤海关监督提的两个承充条件：一是"殷实"，就是有雄厚的资金；二是"诚信"，也就是说口碑不错。

若有人意欲承充行商，必会掂量掂量自身的条件。手续上先要投充，就是向广东官府提交申请，同时要有现职的行商担保。官府审查后上报朝廷，由皇帝亲自批准。比如天宝行的家传中就写道：1808年（嘉庆十三年），"请旨自设天宝行，获准，遂得列'十三洋行'之一"[4]。

十三行成了政府的御用商人。在广州口岸的商战中，享有特权的行商们占据着居高临下的有利地形。

行外商人无法与十三行竞争，因为官府规定：行商经营大宗出口商品有茶叶、生丝、绸缎、南京布等。行外商人能做什么生意呢？瓷器和其他杂货。如同一桌宴席，大鱼大肉让行商吞吃了，余下的残羹剩饭，你们自己看着办吧，爱吃不吃！

外国商人无法与十三行竞争。他们不能自由选择交易对象，只能与中国官府指定的几个行商打交道。他们怨气冲天："从这些人的行动看来，充分表明我们处于不利的地位，他们知道我们不能从其他人购入货

嘉庆皇帝（清代宫廷画家绘）

行商肖像

第二章 一次特别的机遇 　43

"粤商文化"丛书
漫话十三行

品,因此,他们决心把各船的货物价钱压低,而把他们的货物价钱提高。"[5]

广州口岸独领风骚的十三行商人直接隶属于粤海关,粤海关直接隶属于皇帝。

从朝廷到地方,中国各级政府力挺十三行商人。别以为这是各级领导关心支持企业家,中国的传统里从来就不肯给予商人应得的地位。朝廷通过粤海关紧紧地攥住行商,行商利用垄断特权紧紧地攥住中外贸易。这样才能保证广州口岸的外贸收入最充分地流入朝廷的国库。

但不管怎么说,十三行商人享受了皇帝的双重恩惠:皇帝指定"一口通商",让广州垄断了中国对欧美的海洋贸易;皇帝再授予专权,让为数不多的广州行

十三行的同文街有很多行外商人

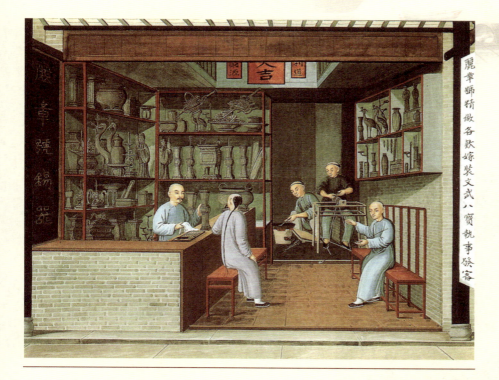

行外商人经营的店铺

商独揽了中国对欧美的海洋贸易。

　　对乾隆皇帝"一口通商"的决策,后世的评论家和学问家有严厉的批评,也有宽容的谅解。但是,这一切是十三行商人无力也无法左右的,他们能做的是,抓住这个千载难逢的机遇,打拼出一个属于自己的商业王国来。

---

　　[1]冷东,赵春晨,章文钦,等.广州十三行历史人文资源调研报告[M].广州:广州出版社,2012:2.

　　[2]梁廷枏.粤海关志:校注本[M].广州:广东人民出版社,2002:514.

　　[3]梁廷枏.粤海关志:校注本[M].广州:广东人民出版社,2002:498.

　　[4]黄启臣,梁承邺.梁经国天宝行史迹[M].广州:广东高等教育出版社,2003:7.

　　[5]马士.东印度公司对华贸易编年史:1635—1834年 第五卷[M].区宗华,译.林树惠,校.章文钦,校注.广州:广东人民出版社,2016:119.

第二章　一次特别的机遇

五、古代的广州交易会

1757年,乾隆皇帝下令"一口通商"。1957年,俗称"广交会"的第一届中国出口商品交易会在珠江边揭幕。两者的时间之隔,恰好是200年。这真让人惊叹不已:命数啊!

明代来华的意大利传教士利玛窦在《利玛窦中国札记》中记载:"葡萄牙人已经奠定了一年两次市集的习惯,一次是在一月,展销从印度来的船只所携来的货物;另一次是在六月末,销售从日本运来的商品。这些市集不再像从前那样在澳门港或在岛上举行,而是在省城本身之内举行。……这种公开市场的时间一般规定为两个月,但常常加以延长。"[1]

这一年两次的"市集",堪称古代的"广交会"。

广州的"交易会",是老天爷的安排。

船舶航行需要动力。现在的大江大海上,船舶的航行靠的是人造的动力——各种各样的发动机。古时候,船舶依赖天然的动力:短时间短距离的航行用人力,如划桨,如摇橹;长时间长距离的航行,就要升起风帆——借用风力了。鸦片战争前是木质帆船的时代。

风,这种天然动力,助了广州一臂之力。

中国是世界上典型的季风气候地区之一,夏季吹西南风,冬季刮东北风,周期性极强。荷兰莱顿大学包乐史教授说过:"在过去的航

意大利传教士利玛窦

西班牙大帆船（绘于 1580—1583年）
16世纪的西班牙大帆船，白帆被大风鼓起。

海时代里，中国海上的交通都是被交替的东北及西南季风引领的。"[2]正所谓见风使舵，外国人前往广州，一定要赶着合适的风向赶在合适的时间。在那个合适风向合适时间里，外国商船接踵而至，于是自然地形成了广州的进出口商品"交易会"。

利玛窦说的6月份市集最热闹，是因为绝大多数外国商船由东南亚而来，不论东南亚的、西亚的，还是欧洲的，均趁着夏季的西南风而来、冬季的东北风而归。

"这一切都要在西南季候风吹过之前（也就是10月底之前）完成，因为季候风会把船货安全而迅速地从巽他海峡或麻六甲，穿过中国海送到广州。"[3]

也有少数从日本、琉球来的商船，方向相反，时间也相反，趁的是利玛窦说的1月份市集。

古时的广州交易会在西方文献中也有很多记载，西人的叫法同今天是有区别的，如盛大的市集啦，年集啦，货市啦，等等。

第二章 一次特别的机遇

"粤商文化"丛书

漫话十三行

"一口通商"是古代"广交会"的鼎盛时期。

那时的广州交易会基本上是利玛窦说的6月份市集。外国商船每年（阳历）六七月到黄埔，第二年一二月返航。当时的中外商人把广州交易会叫作贸易季或者商季（the season of business）。

古代的广州交易会的地点在十三行。十三行，在地理上实在是占据了一个绝佳之地。

由于泥沙的淤积，出海口离广州越来越远。唐代时作为航标的光塔，早已成为市中心的一处名胜。船来船往的广州，又有了新的热闹之处——西关。

古时的广州和中国其他城市一样，外围有一圈厚厚的城墙。西边的城墙之外，临着珠江一带，广州人叫西关。也就是说，西关不在广州城内。

西关的南边和东边各有一条通往出海口的珠江水道，通过城南海珠石及天字码头往东去的叫前航道，通过白鹤洞及芳村往南去的叫后航道，又叫澳门水道。

如果以澳门附近的入海口为起点，进入珠江的船只可以通过这两条水道进广州。两条水道在西关的西南汇合，汇合处的一大片水面叫白鹅潭。由白鹅潭宽阔的水道继续向北延伸，是通往中国内地的重要渠道。内地的茶、丝、瓷等商品正是通过这条内河运输渠道抵达广州的。

海运的外国商人由南而来，河运的中国内地商人由北而来，不论南北，不论中外，来的人、来的货，都在最便捷的白鹅潭边上岸。白鹅潭边的西关，成了中外商人聚集之地。

当年，在如今广州文化公园的位置，临江建造了一

广州远眺图
由南向北远眺广州：城墙内为广州城，城中有花塔；城墙外左边是西关，珠江边排列着一座座西式商馆，前面空地上飘扬着各国国旗，远处山腰处有五层楼。

排外国商馆，全都坐北朝南，面向珠江。自东而西分别是荷兰馆、英国馆、混合馆、瑞行、帝国馆、美国馆、法国馆、西班牙馆、丹麦馆。馆前的旗杆上飘扬着各国国旗。

外国商馆为三层西式建筑。一层是地下室，用作账房、仓库和储藏室。中国雇员们，如买办、佣人也住在一层。一层建有加了铁门和石墙的银库。二层做客厅和饭厅，也用来办公。外国商人高高在上，他们的卧室在三层。

砖石的楼房、圆形的列柱、铁柱的长廊、方形的百叶窗……在古代中国，这里是一道独特的风景线。

法国人奥古斯特·博尔热1839年（道光十九年）9月初次来到十三行。在1839年9月20日这一天，他写

第二章 一次特别的机遇

"粤商文化"丛书

漫话十三行

西关的外国商馆区

道:"一个外国人在广州的涉外代理商行广场登陆,他肯定会对涉外代理商行的建筑效果感到非常吃惊。"[4]

中国内地人到广州,这里也是必看的景观。1782年(乾隆四十七年),山东举人曾七如就在他的旅行日记中详细记述了这些颇具欧陆异国风情的商馆。比如荷兰馆:馆前悬挂着用朱红色布制作的荷兰旗;门口有深碧眼睛、卷曲毛发的番奴,手持佛朗机巡逻的守卫;屋内地面铺着猩红色的地毯;檐间悬水晶灯,储火可五十盏;槛廊则有乐钟,至时则诸音并奏;有千里镜可登高望远……

外国商馆不是外国人的产权,而是十三行商人的私产。建造迎合西方人的商馆,在贸易季租借给西方人,以这种方式招揽客商,是他们的精明之处。

赶赴贸易季"广交会"的,有亚洲、非洲、欧洲、美

制茶工场

工场大门对面是炒茶房,一些工人用簸箕盛满炒热的茶叶送到这边的工场里;数以百计的工人则站在各自的茶箱上趁热将茶叶踩进箱中。

洲的各国商人,他们要卖出世界各地的进口商品,买入中国各地的出口商品。

赶赴贸易季"广交会"的,有福建、安徽、江苏、浙江、江西、湖南等各省商人,他们要卖出中国各地的出口商品,买入世界各地的进口商品。

所有的中外商人,都在十三行围着十三行商人转。十三行商人,古代"广交会"的轴心;十三行商人,中国最大的买卖场上最耀眼的明星。

还有广东千千万万的平头百姓,为古代的"广交会"蝼蚁般地辛勤劳作。梁嘉彬先生说过:"粤省地窄人稠,沿海居民俱借洋船为生,不独行商受益。"[5] 受益人有多少?1742年(乾隆七年)的一份奏折说:"就粤而论,借外来洋船以资生计者约数十万人……"[6]

漫话十三行

没有皇上恩赐的"一口通商",哪有这般的隆盛?

---

[1] 李庆新. 明代海外贸易制度[M]. 北京:社会科学文献出版社,2007:348.

[2] 包乐史. 看得见的城市:东亚三商港的盛衰浮沉录[M]. 赖钰匀,彭昉译. 杭州:浙江大学出版社,2010:10.

[3] 马士. 中华帝国对外关系史[M]. 张汇文,姚曾廙,杨志信,等译. 上海:上海书店出版社,2000:84.

[4] 博尔热. 奥古斯特·博尔热的广州散记[M]. 钱林森,张群,刘阳,译. 上海:上海书店出版社,2006:26.

[5] 梁嘉彬. 广东十三行考[M]. 广州:广东人民出版社,1999:92.

[6] 梁嘉彬. 广东十三行考[M]. 广州:广东人民出版社,1999:139.

第三章
雄视天下的中国货

"粤商文化"丛书

漫话十三行

英国学者迈克尔·格林堡说:"近代使东方和西方发生接触的是商业。但事实是西方人出来寻求中国的财富,而不是中国人出去寻求西方的财富。"[1] 所谓中国的财富,就是中国的出口商品。

那时的木质风帆船设备简陋,抗风险能力很低。可以说,西方人是把脑袋拴在裤腰带上前来中国寻求财富的。不说在风急浪高的航程中,就算到了广州,他们的死亡率也不低。

中国商品有什么魔力,让西方人甘愿涉危履险,从地球的那一边踏波踩浪远道而来?

---

[1]格林堡.鸦片战争前中英通商史[M].康成,译.北京:商务印书馆,1961:1.

一、茶叶:稳坐头把交椅

早先,西方人最青睐的中国商品是丝绸和瓷器。但在西方人全海路之后的18世纪初,一个后起之秀坐上了中国出口商品的头把交椅。这一坐,就是稳稳的100多年。

这位稳坐头把交椅的主儿,是茶叶。

第一个全海路而来的葡萄牙人,最先见识了中国人喝茶,那情形活像《红楼梦》里的刘姥姥头一回进大观园:"如果有人或有几个人造访某个体面人家,那习惯的做法是

欧洲人在饮用英国风格的茶点（绘于1764年）

向客人献上一种他们称为茶的热水，装在瓷杯里，放在一个精致的盘上（有多少人便有多少杯），那是带红色的，药味很重，他们常饮用，是用一种略带苦味的草调制而成。他们通常用它来招待所有受尊敬的人，不管是不是熟人，他们也好多次请我喝它。"[1] 这是1556年（明嘉靖三十五年）来中国的葡萄牙传教士克路士的观察。

最先把茶叶卖到欧洲去的是荷兰人。1606—1607年（明万历三十四年至三十五年），荷兰人在澳门购买了数量不多的茶叶，带到他们在东方的殖民地巴达维亚（今天的印尼雅加达），1610年（万历三十八年）再带回荷兰。1651年（顺治八年），荷兰公司开始在欧洲市场销售茶叶。

英国学者麦克法兰列出了这样一个时间表："资料显示，茶在1610年第一次到达阿姆斯特丹，17世纪30年代到达法国，1657年到达英国。"[2]

茶叶到达英国，成就了一个在西方世界里登峰造极的盛况。

1662年（康熙元年），葡萄牙公主凯瑟琳嫁给了英国国王查理二世。凯瑟琳酷爱喝

"粤商文化"丛书

漫话十三行

茶,在这位饮茶皇后的积极推动下,这一雅习很快进入英王室。

只过了短短几十年,茶叶在英国就完成了角色的转换:由贵人的奢侈品到全民的必需品。

怎么理解这个"必需品"?可以用英国学者的统计来做注解:1791—1793年,平均每个英国人每年消费茶叶1.66磅(0.75千克)。1801—1803年,年人均消费量增加到2磅(0.908千克)。难怪英国人在他们的《每日电讯报》(Daily Telegraph)里惊呼:"缺少了茶饮一星期,宇宙的根本就会动摇了。"[3]

于是,英国成了饮茶之国。

法国文学家巴尔扎克

有趣的是法国文豪巴尔扎克的一个调侃:"英国人嗜茶成癖,为的是不购买我们的葡萄酒,其实这是干了傻事,因为茶有兴奋神经的作用。英国男女已经养成了这样一种习惯。一个民族有了什么习惯,就丧失了自己的自由。"[4]

英国人的饮茶方式不同于中国人。中国人要的是原汁原味,茶汤里不放入其他东西。而英国人喝的是奶茶,在茶里加入牛奶和糖,去除苦味,增加甘甜,口感顺滑,香气浓郁。

茶叶风靡整个欧洲,随着欧洲殖民扩张,茶叶风靡全世界。

中国商人把经过压实打包的茶叶卖给欧洲商人(绘于18世纪)

"正是在中国茶叶的吸引下,在长达两个世纪的时间里,欧美国家要跨越25 000英里几乎半个地球的距离,耗时半年航行时间,去中国进口这种'东方树叶'——茶叶,茶叶成为所有驶往中国商船回程运货量中最重要的货物。"[5]中国的冷东教授这般描述。

英国画家笔下的武夷山与茶园　（［英国］托马斯·阿罗姆原作于19世纪中叶）

"广州的贸易被单一产品支配：茶。"[6]荷兰的包乐史教授这般评说。

就说荷兰东印度公司，在1795年之前的大部分年份中，从中国出口的商品总值里，茶叶所占比重高达70%～80%，甚至超过85%。英国东印度公司就更不用说了，19世纪初占到90%以上。茶叶贸易，用英国学者格林堡的话说，那是英国"东印度公司商业王冕上最贵重的宝石"[7]。

就茶叶消费量而言，中国人与外国人相比，会是个什么情况呢？

鸦片战争前，中国平均每年出口茶叶45万担。而根据《清实录》的有关记载，中国人自己消费的茶叶大概是69.8万担。历史学家吴建雍先生的结论是，"鸦片战争前出口茶叶的数量已相当于国内行销量的64%"[8]。

可以想象，广州口岸当年的茶叶市场是怎样的喧闹繁盛，让我们在今天似乎都能闻到十三行的茶叶飘香。

中国出口的茶叶主要是来自福建北部的红茶和安徽南部的绿茶。

据美国学者埃里克·杰·多林研究，最早运往英国的多为绿茶。为什

第三章　雄视天下的中国货

"粤商文化"丛书

漫话十三行

么叫绿茶呢？因为绿茶保留了叶绿素，也就是说，它未经发酵，没有完全干燥，容易变质。这对于要经过半个地球的长途运输而言不能说不是一个缺点。经过完全发酵的红茶恰恰相反，它非常干燥，所以茶质和口感的保持相对要好得多。因此，红茶渐渐成为出口茶叶的大宗。其中，福建崇安县武夷山区的岩茶销量最多。

让西方人无奈的是，茶叶不但原产于中国，而且只产于中国；茶叶不但只产于中国，而且制茶的技术也只为中国人所拥有。

对茶叶充满依恋的西方人，只好依靠广州。巴尔扎克说得不错，西方人算是丧失了自由。

在所有进口的外国商品和出口的中国商品中，稳坐头把交椅的中国茶叶，大有试看天下谁能敌的霸气。

---

[1] 博克舍. 十六世纪中国南部行记 [M]. 何高济，译. 北京：中华书局，1990：98.

[2] 麦克法兰 I，麦克法兰 A. 绿色黄金：茶叶的故事 [M]. 杨淑玲，沈桂凤，译. 汕头：汕头大学出版社，2006：84.

[3] 麦克法兰，艾伦·麦克法兰. 绿色黄金 茶叶的故事 [M]. 杨淑玲，沈桂凤，译. 汕头：汕头大学出版社，2006：54.

[4] 博尔热. 奥古斯特·博尔热的广州散记 [M]. 钱林森，张群，刘阳，译. 上海：上海书店出版社，2006：138.

[5] 赵春晨，冷东. 广州十三行与清代中外关系 [M]. 广州：世界图书出版广东有限公司，2012：59.

[6] 包乐史. 看得见的城市：东亚三商港的盛衰浮沉录 [M]. 赖钰匀，彭昉，译. 杭州：浙江大学出版社，2010：62.

[7] 格林堡. 鸦片战争前中英通商史 [M]. 康成，译. 北京：商务印书馆，1961：270.

[8] 吴建雍. 18世纪的中国与世界：对外关系卷 [M]. 沈阳：辽海出版社，1999：221.

二、"拼盘配料"也精彩

"正是茶叶将欧洲船队引向了中国，装满其船舱的其他商品仅被作为拼盘的配料。"[1]

在西方人眼中，中国出口商品的这个大拼盘，除了主打的茶叶，其他的配料也不失精彩。

绕成一串串的生丝挂在染坊里的架子上（吴俊绘于1870—1890年）

虽然由主角降为配料，但中国的丝货是出口商品的常青树，千百年来长盛不衰。不过，"一口通商"时西方更欢迎的是生丝而不是成品的丝绸。生丝，就是从蚕茧中抽出来并绕成一束束的本色丝，西方人进口生丝后再织成面料，既利用了中国优质的原材料，又可以在自家的工厂里自由发挥，两全其美。

"粤商文化"丛书
漫话十三行

中国出口的生丝来自江浙一带，特别是杭、嘉、湖地区，其中被称作"湖丝"的湖州生丝质量最佳。后来，也有了广东出产的生丝。

广东本不是一个适合种桑养蚕的地方，但在强劲的外销需求刺激下，南海九江一带先建起了桑基鱼塘，"一口通商"中期，植桑养蚕在珠江三角洲蓬勃发展起来。

成品的丝绸仍然有出口，品种相当丰富。长期旅居十三行的美国人亨特数过："这些丝织品包括缎子、绉纱、东方绢、摩啰绸、黑手帕、素纺、光缎和茧绸等。"[2]

但这时的西方人不同于旧时，他们对丝绸成品有更多个性化的要求。就是说，西方人需要的不是现成的大路货。西方商人会看样订货，或者根据欧洲市场的需求直接向行商下订单，订单上往往有详尽的要求，甚至附上带有浓郁欧洲风格的样品。比如荷兰东印度公司给出的样品，装订成册，上面标有名称，还有特征说明，并且附有具体的订货指示……

十三行商人同外商签了合同，收了定金，就会向丝绸行订购。

接下来就是中国的能工巧匠们大显身手的时候了。对于欧洲人的艺术情趣，丝绸行的中国工匠们发挥了卓越的捕捉能力和创造能力，东方艺术的神韵和西方艺术的风采，在他们的一双双巧手下水乳交融。

2013年，广东省博物馆办过一个名叫"异趣同辉"的清代外销艺术精品展览，一件件清代外销丝织

清代出口欧洲的广绣披肩
(《广东省博物馆展览系列丛书·异趣同辉：清代外销艺术精品集》 刘谷子摄影)

品让人叹为观止。其中一块纵横各 167 厘米的方形广绣披肩，"以白缎为地，四角对称彩绣花束纹样，边饰由内及外绣飘带花卉、缠枝花卉、蔓草花卉纹样各一周，四周辅以编织网格和长流苏为饰。针脚细腻平齐，色彩鲜丽华美"[3]。

那时，中国的这种彩绣丝绸披肩在欧美市场十分走俏，每年出口量高达 8 万多条，单一个艺术之邦的法国就占了 1/4。

两广总督李侍尧有过统计，说广州口岸"外洋各国夷船到粤贩运出口货物，均以丝货为重，每年贩买湖丝并绸缎等货，自二十余万斤至三十二三万斤不等，统计所买丝货，一岁之中，价值七八十万或百余万两，至少之年，亦买至三十余万两之多"[4]。

接着要说南京布的精彩了。

棉花原产于印度。不知印度棉花是否全都色泽白洁，反正棉花传入中国后，在长江三角洲一带长成了土黄色。这种具有天然美的黄棉花织成的布，又结实又好看，中国民间叫紫花布，西方人把它叫作南京布，都对它爱不释手。

西方人不是没有想过办法，他们尝试用染料将别处的白棉花弄成仿南京布。可惜，不是颜色不对就是掉色。人工黄扛不过天然黄，南京布依然抢手。

像在 1786 年（乾隆五十一年），英国东印度公司对外贸易的主要商品中，仅次于茶叶、生丝的就是南京布。而西方各国购买南京布总量在这一年第一次达到 6 位数：372 020 匹。

1801 年（嘉庆六年）时，美国人口不过 530 多万，可进口的中国棉布竟达 140 万匹，平均每 4 个人 1 匹。美国人自己这样描述："在美国棉织业尚未发展时期，它与本地家织布，同为早期美国的日常生活用品。由于南京布专门用作裤料，及至这种布的名称'Nankeen'，同时成为裤服的名称。作为一般的宾夕法尼亚人，都把中国造的上衣、马甲，视为他们最为满意的好服装。"[5]

还有被称作 china 的中国瓷器呢？西方人不是酷爱中国瓷器，以至等同于中国的称呼吗？比较一下古时的西方，那是木质的、陶质的，还有金属质地的餐具；而中国瓷器，那样的洁白、轻巧、精美，还易于冲洗，特别是景德镇的青花瓷，引得无数西方人疯狂追捧。瓷器长期是中国出口商品的大宗。

第三章　雄视天下的中国货

漫话十三行

雍正年间的广彩纹章八角盘
八角盘中绘有海尔家族纹章；海尔家族是英国显赫的大家族之一。

乾隆年间出口的青花瓷盘

好琢磨事儿的西方人反复地琢磨中国的china。起初，他们误以为瓷器是用贝壳磨成粉制成的。经历了数百年，瓷器的密码渐渐被西方人破译。18世纪初，欧洲人已经能够成功地生产出真正的瓷器。随着西方瓷器质量产量的提高，中国瓷器出口量成反比地减少，但毕竟余威还在。这个时候，别有一番风格的广彩闪亮登场了。

以绚彩华丽、金碧辉煌著称的广彩，又叫外销瓷，是一种外向型的专门面向西方市场的商品，也是一种融合了东西方元素的艺术品。西方人把他们心仪的图案带来广州，头脑活泛的广州人便从景德镇买来素白瓷坯，把那些具有浓郁欧美情趣的图案五颜六色地彩绘上去，再一烘烤，就成了讨巧西方人的广彩作品。西方人将广州人的彩瓷心满意足地搬上洋船，广州人将西方人的洋钱心满意足地揣进腰包，皆大欢喜。

对西方商人而言，瓷器还有一个重要的功用，那就是压舱。

茶叶和纺织品是西方人最大的渴求，但对于长途海运来说，它们体大质轻，木质的风帆船在狂风巨浪中航行，没有足够的重量是相当危险的。所以在底舱，一定要压上足够重的物体，这就是压舱。哪怕是压上毫无价值的石块也要压舱，否则船体上重下轻，失去平稳，在海上会像醉汉一样摇晃不定。瓷器装进舱底，不但沉重，而且不怕受潮。瓷器一可压舱，二可卖钱，一举两得，何乐而不为？

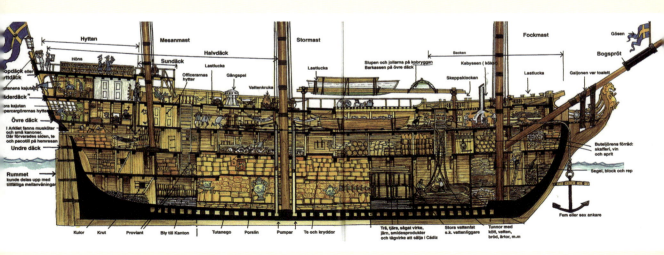

欧洲商船内船舱的分层（［瑞典］斯文·诺德奎斯特绘）
欧洲商船内船舱装载货物时依照由重到轻、由下至上的规律。

第三章 雄视天下的中国货

"粤商文化"丛书

漫话十三行

"哥德堡"号触礁（[瑞典]斯文·诺德奎斯特绘）
港口岸边的亲友们眼看着"哥德堡"号触礁下沉。

　　瑞典哥德堡港口附近的海底，有一条躺了两百多年的沉船。这条船是当年瑞典东印度公司来往中国的商船"哥德堡"号，1745年（乾隆十年）从广州返回瑞典，就在离哥德堡港口不到1千米处不幸触礁沉没。一直到了1986年，人们才开始对这条沉船进行打捞。打捞上来大量的瓷器，其中3/4是当年最便宜、最普通的青花瓷。程式化绘制的、简单而又常见的青花图案，表明它们都是出自一般民窑的大路货，可见青花瓷并非瑞典人重金购置的至爱。可是在"哥德堡"号满载的中国出口商品这个"大拼盘"中，作为"压舱货"的配料，青花瓷仍是那样的不可缺少。

　　茶叶自然是新宠，瓷器仍然是旧爱，不论新宠旧爱，西方人都尽情地揽入怀中。

中国出口商品这个拼盘，主料、配料都出彩。

---

[1] 赵春晨, 冷东. 广州十三行与清代中外关系[M]. 广州: 世界图书出版广东有限公司, 2012: 59.

[2] 亨特. 广州番鬼录; 旧中国杂记[M]. 冯树铁, 沈正邦, 译. 章文钦, 骆幼玲, 校. 广州: 广东人民出版社, 2009: 98.

[3] 广东省博物馆. 异趣同辉: 广东省博物馆藏清代外销艺术精品集[M]. 广州: 岭南美术出版社, 2013: 57.

[4] 梁嘉彬. 广东十三行考[M]. 广州: 广东人民出版社, 1999: 132.

[5] 吴建雍. 18世纪的中国与世界: 对外关系卷[M]. 沈阳: 辽海出版社, 1999: 273.

三、发财到广东

"东西南北中，发财到广东"，这是现今流行的一句熟语。"一口通商"时，表达类似意思的也有一句俗语"做广东茶能发财，如去河滩拾卵石"。俗语出自江西北部的婺源，古时为徽州之地的婺源是著名的绿茶产区。

婺源上晓起村（程政摄）

广州巨大的茶叶外贸市场就像狮子大张口，渴求吞食的茶叶成千累万。在婺源当地，同样是做茶，贩往广州的比当地销售的获利就相差3倍。于是，很多农民冲着广州种茶，很多商人冲着广州收茶贩茶，当地人叫"做广东茶"。婺源县上晓起村的《江氏祖谱》特别提到，做广东茶不但获益大，而且又快捷又稳当，就像"去河滩拾卵石"。还说荷田的方氏家族、上溪头的程氏家族、上晓起对河的叶氏家族，都因做广东茶成了巨富。河滩上满是卵石，一箩箩一筐筐地拾起来，焉能不富？

漫话十三行

有一个叫詹万榜的婺源人,到广东后干脆就久住不归,一心一意在广东"拾卵石"。詹万榜是一个茶商,由于被"一口通商"的广州吸引,在"一口通商"第三年即1760年(乾隆二十五年),举家从婺源南迁广州西关,之后的几代人都做茶叶生意。詹万榜的曾孙,就是被誉为"中国铁路之父"的詹天佑。而詹天佑的籍贯,这时已经是广州南海了。

那时来广东"拾卵石"的当然不止婺源一处,美国来华的第一位传教士裨治文曾经数过,有广东、福建、浙江、江南、山东、直隶、山西、陕西、甘肃、四川、云南、广西、贵州、湖南、湖北、江西、河南等,可不就是"东西南北中"吗?不为发财,这么多人干吗来广东?

各省商人带来了多种多样的出口商品,除了茶叶、纺织品、瓷器,还有大黄、肉桂、麝香、朱砂、糖、漆器、白铅……

还可以探究一下,这些人的这些货是怎样来到广州的。

宋代时就有《岭外代答》,明代更有《一统路程图记》《水陆路程》《士商类要》《天下路程图引》等商务手册,指引着人们来广东发财。到了清代,前往广州的水陆相接的商路已经相当完善。

先以最重要的武夷茶为例。

千里茶路的第一站是河口。

出产红茶的武夷山在福建西北,茶叶靠挑夫越过这段山路,往北百里就是河口镇,在今天的江西上饶市境内。河口镇是江西古代四大名镇之一,信江是江

詹天佑像

茶叶贸易（中国佚名画家绘于1790—1800年）

这张茶叶贸易图浓缩了从武夷山产区至广东出口的全过程，由上至下，由远及近，包括种茶、制茶、运茶，最后到了广州的商铺"义和行"；左下方的广州行商与欧洲商人在洽谈生意；港湾停泊着四艘英国商船，右上方远处还有出海远航的外国商船。

西五大水系之一，当信江流到河口，接纳了另一条支流铅山河，由于二流在这里合一，镇前的水面增宽，水流平缓，于是成了赣东的一个重要航运码头。武夷茶正是先被运到河口，顺信江之流直通鄱阳湖而奔南昌。

在南昌附近，由南而来的赣江注入鄱阳湖，到南昌的茶叶继续乘船，沿着赣江逆流南下，经吉安，过赣州，到南安（今大余），赣江上游的章水河窄水浅，这一段的水路便到了尽头，迎面是重峦叠嶂、高大雄伟的大庾岭。这里是千里茶路最恼人的地

"粤商文化"丛书

漫话十三行

方——横亘在江西与广东之间的南岭山脉,长江水系与珠江水系的分水岭。

于是,茶叶弃船上岸,被马驮着,被人挑着,由崎岖的山路艰难地攀上山巅。山的高处有个梅岭关——南粤雄关,穿过这个著名的关口俯瞰前方,就是郁郁葱葱的南粤大地了。

下山不远就是碧水盈盈的浈江。茶叶再次登船——只能是小船——顺江向西,很快到了曲江县,浈江在这里汇入北江,北江即珠江最大的三条支流之一。茶叶终于可以换上大船了。大船欢畅地、快速地顺流南下,直指目的地——广州十三行。

从武夷山到十三行,全程近1 600千米,历时一个半至两个月。

从徽州婺源开始的绿茶之路、从南京开始的丝绸之路、从景德镇开始的瓷器之路,尽管起点不同,但大多取向赣江水系,走的也是这条路。

南粤雄关

这是内地与广东相通的最传统、最主要的商路。在这条商路上,端的是"商贾如云,货物如雨"。1793年(乾隆五十八年),英国的马戛尔尼使团经过大庾岭时,已经是商贸淡季的冬天,但是行走在岭上山道的挑夫仍有几千人之多,让英国人惊讶不已。

至于旺季的情形,另有一个叫乔治·赖特的英国人做了这样的描述:"据估计,清朝乾隆、嘉庆、道光、咸丰时期,广州春秋贸易旺季的时候,有几万挑夫聚集在庾岭两边,昼夜不息。夜晚,山路上火把连线,有上

南岭山脉的奇山峻岭（[英国]托马斯·阿罗姆绘于1830年）

百里长；号声震天，飞禽走兽全无。加上赣江、北江上的船工、纤夫、民工等，有几十万、上百万的农民靠这条江南——岭南的'南南商路'过活，确确实实是中国的经济命脉。"[1]

广州口岸的一大劣势便是这条横亘于粤北的南岭山脉，又称五岭，平均海拔1 000米，绵延东西1 000多千米。广东通往内地，必须跨越这条山脉。由南岭山脉的三个山口，形成了三条沟通南北的商路。

一是越过大庾岭，连接广东南雄与江西南安。

二是越过骑田岭，连接广东连县与湖南郴州。

三是溯西江而上，转入广西漓江，再转入运河灵渠，越过越城岭，连接广西兴安与湖南零陵。

"粤商文化"丛书
漫话十三行

内陆的水路运输（约绘于1800年）

除了水陆联运的内陆路径，其实还有海路。特别是福建的茶叶和江南的丝货，产地离海岸港口并不远。但是对不起，皇帝不让走海路。

海运优于陆运，这是常识。

明代丘浚在《大学衍义补》中这样算过账："河漕视陆运之费省什三四，海运视陆运之费省什七八。"[2] 河运比陆运要省三四成，海运比陆运要省七八成。所以，如今的国际贸易，95%的货物通过船舶运输。

反过来说，"一口通商"时，进出口商品的内陆运输，必然迫使商品价格大幅上涨。

19世纪中期，英国人山缪·波尔在他的著作里以当时的中国货币计算出每一个制茶过程所需要的花费：

种植和手工的费用：12 000

箱子、金属罐和包装的费用：1 316

运送至广东的花费：3 920

广东政府收的费用，包括税金、洋行商人的费用和雇用船只进行运送等：3 000

总计：20 236[3]

这说的是出口商品。那进口商品呢？

比如1806年（嘉庆十一年），广州进口棉花最畅销的时节，孟加拉棉花每担价格是14.5两；可到了南京，售价是32两。十三行商人的利润只有5两，也就是说，涨上去的大都是两地间的运费。

清代的皇帝们不傻，不会弄不明白这么简单的道理。但是，禁止海运是皇帝们坚定不移的圣裁。嘉庆皇帝就在他的上谕中指明："洋面辽阔，无法稽查，难保无走私和暗行售卖违禁货物。……凡贩运茶叶赴粤之商人，仍须按向例由内河过岭运茶前往；永禁由海道贩运。……走漏事小，而与外国人勾结则事关重大。"[4] 最后一句话才是皇帝的忧心所在。

果然是皇上深谋远虑，防微杜渐。所有想到广东发财的人，就乖乖地走内陆吧。

---

[1] 李天纲. 大清帝国城市印象：19世纪英国铜版画[M]. 阿罗姆, 绘图. 上海：上海古籍出版社, 上海科学技术出版社, 2002：180.

[2] 黄纯艳. 宋代海外贸易[M]. 北京：社会科学文献出版社, 2003：227.

[3] 麦克法兰I, 麦克法兰A. 绿色黄金：茶叶的故事[M]. 杨淑玲, 沈桂凤, 译. 汕头：汕头大学出版社, 2006：122-123.

[4] 马士. 东印度公司对华贸易编年史：1635—1834年 第三卷[M]. 区宗华, 译. 林树惠, 校. 章文钦, 校注. 广州：广东人民出版社, 2016：349.

四、来自优秀的优势

在漫长的古代,广州口岸的出口商品与进口商品之间是极不平衡的——中国出口商品占压倒性优势,外国进口商品一直可怜巴巴地处于劣势。用专业点的词儿说就是,中国长期是顺差,外国长期是逆差。

美国历史学家斯塔夫里阿诺斯不但注意到了这一点,还有更进一步的分析:"中国的出口品大多数是制成品,如丝绸、瓷器、书画等,而进口品多半是原材料,如香料、矿石和马匹等。"[1]

一个是出口的制成品,一个是进口的原材料,差别在哪里呢?

制成品的基础是原材料,由原材料"制"而成"品",转换的关键就是一个"制"字。在古代,所谓的"制"都是手工技艺。古代的中国有世界上最发达的手工业,正如今天的美国拥有世界领先的互联网技术。

被誉为"中国17世纪工艺百科全书"的《天工开物》,是世界上第一部关于农业和手工业生产的综合性著作,它出现在中国的明代绝非偶然。

从理论上,英国的历史学家格林堡很认可这一点:"在机器生产时代之前,在技术上的优势使西方能够把整个世界变成一个单一经济之前,在大多数工业技艺方面比较先

明代著作《天工开物》的插图

进的还是东方。"[2]

在现实中，1816年（嘉庆二十一年）访华的英国使团副使亨利·埃利斯也很认可这一点。

他在公务之余逛了广州的市场："我今天开始买东西，主要是到中国街上购买。摆出来卖的商品全都适合欧洲的市场，吸引人的不是民族特色，而是用料和做工的精良。"[3]

中国手工业如何的发达，如何的先进？

譬如茶叶与丝绸。

法国文学家巴尔扎克这样断言："茶只是在中国生产。……你懂不懂：可以从许多国家进口茶叶，但只有中国人能以其辛勤劳动为你制茶。"[4]

中国人是怎样制茶的呢？格雷夫人在她的一封写回英国的信中说："第二天，我有机会参观茶厂，看到工人们从散布在藤簸箕上的嫩叶上剔除叶梗和坏叶子。这一工序是妇女和姑娘们很细心地完成的，必须双手并用，而且技巧很讲究。在工厂的另一部门，我看见男人用筛子和吹风机筛选茶叶，吹风机跟我们英格兰农民用来筛谷物的机器很相像。我们还经过其他部门，在那里茶叶散布在大大的烘盘上烘干。烘盘下面有木炭进行加热。烘盘是不动的，为了避免茶叶给烘焦，不断地用人手搅动叶片。在这里的工人穿得很少，只见他们一边工作一边大汗淋漓。当我看见广州绿茶是怎样制造出来时，我感到非常吃惊。为了产生理想的颜色，要添加普鲁士蓝和姜黄，并要混合均匀。还要添加石膏。当我问到添加的目的时，他们说，石膏能让混合后的茶叶带有一点辛辣味。我们最后来到包装

明代花瓶上的绘画
这个局部描绘的是中国工人在作坊里制茶的情形。

"粤商文化"丛书

漫话十三行

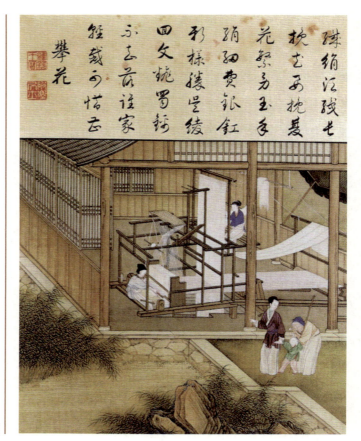

雍正年间的耕织图

室,当我看见工人们用光脚把茶叶踩实,再挤压为一箱一箱,我觉得很逗。"[5]

丝绸的织造又是另一番繁盛景象。享有"上有天堂,下有苏杭"美名的长江三角洲,出产的丝绸种类繁多:绸、缎、绫、纱、绢、丝、罗、绒……

明代小说《醒世恒言》第十八卷里描写过这样一个乡镇:"说这苏州府吴江县离城七十里,有个乡镇,地名盛泽,镇上居民稠广,土俗淳朴,俱以蚕桑为业。男女勤谨,络纬机杼之声,通宵彻夜。那市上两岸绸丝牙行,约有千百余家,远近村坊织成绸匹,俱到此上市。……乃出产锦绣之乡,积聚绫罗之地。"

18世纪30年代的英国人岱摩亲眼所见的是:"中国织机看起来极其简单,工人操作却又那么娴熟、细心、灵巧,我们欧洲工匠们至今仍然无法企及。艳丽无比的绣花锦、花缎等等都出自这一双双完美的手。这些作品在苏格兰的佩斯里镇、曼彻斯特的马基斯菲特、法国里昂都能生产。不过，中国的双绉至今抵得起任何赝品的冲击，而且，我们无法生产与丝绸相媲美的织品。"[6]

中国的出口商品，或者说制成品的优秀，植根于原材料的优秀，中国农业的优秀。

早在唐代，韩鄂就在《四时纂要》中记述："种茶：二月中于树下或北阴之地开坎，圆三尺，深一尺，熟劚，著粪和土。每坑种六七颗子，盖土厚一寸强。任生草，不得耘。相去二尺种一方。旱即以米泔浇。"[7]这里包括耕作的各个步骤：整地、开穴、施基肥、播种、浇灌等。韩鄂的记述还说明，唐代的农人已经掌握了多子穴播的直播法。这套种茶技术为唐代以后的历代所沿袭。

江苏农耕（康熙年间宫廷画家绘）
这幅画作描绘的是江苏农民辛勤劳作的场面。

"粤商文化"丛书

漫话十三行

人们在桑树下采摘养蚕的桑叶（吴俊绘于1780—1790年间）

中国的蚕丝业同样历史悠久。美国人对此有探究："传说记载，公元前2600年前后，黄帝的妻子嫘祖偶然间发现了蚕丝的奥秘。据说，嫘祖被花园中咀嚼桑叶的蚕所吸引，看到蚕丝成茧后破茧而出而更大感惊奇。……无论养蚕业是如何开始的，它都很快就成为中国人最苦心经营的技艺，逐渐形成了丰富的养蚕知识，包括照顾蚕子和蚕蛹以及处理蚕茧的实用而明确的建议。"[8]

关于养蚕，珠江三角洲还有一绝。清代广东名人屈大均赞扬过本土的丝绸"广缎"："洋船争出是官商，十字门开向二洋。五丝八丝广缎好，银钱堆满十三行。"这么好的广缎，就与广东的养蚕业相关。

种桑而后才能养蚕，这里的农民巧妙地把原不相干的鱼塘也扯进了养蚕业中，"桑基鱼塘"的生产模式在明代已经形成，那是一种"桑—蚕—鱼—桑"的生态良性循环：塘埂种桑、桑叶养蚕、蚕沙（粪）喂鱼、塘泥肥桑，于是鱼多、桑多、蚕多。有了"桑基鱼塘"，珠江三角洲就有了充足的蚕丝供应给广州和佛山的丝织业，也就有了"五丝八丝广缎好"。

不仅仅是茶叶，不仅仅是丝绸，中国地大物博，丰富的物产流入无数的各式的作坊，再从无数的各式的作坊里流出斯塔夫里阿诺斯说的无数的各式的制成品。

环视那时的世界，少有国家达到中国如此水平的农业和手工业，外国人很难拿出能入中国人法眼的制成品。要同中国人做买卖，他们能拿出手的只是他们有的而中国没有的原材料，即资源性的商品；而他们趋之若鹜的，就是中国的各式制成品。因此，才有了迈克尔·格林堡说的："事实是西方人出来寻求中国的财富，而不是中国人出去寻求西方的财富。"

优秀的农业，优秀的手工业，成就了中国出口商品雄视天下的优势。

优秀的农业，优秀的手工业，成就了古代中国市场卓尔不群的优势。

中国出口商品的优秀，中国的优秀，成就了十三行享誉世界的优势。

第三章 雄视天下的中国货

[1] 黄纯艳. 宋代海外贸易 [M]. 北京：社会科学文献出版社，2003：13.

[2] 格林堡. 鸦片战争前中英通商史 [M]. 康成译. 北京：商务印书馆，1961：1.

[3] 埃利斯. 阿美士德使团出使中国日志 [M]. 刘天路，刘甜甜，译. 刘海岩，审校. 北京：商务印书馆，2013：281.

[4] 博尔热. 奥古斯特·博尔热的广州散记 [M]. 钱林森，张群，刘阳，译. 上海：上海书店出版社，2006：138.

[5] 格雷夫人. 在广州的十四个月 [M]. 梅贝坚，译. 香港：茉莉花出版社，2011：185.

[6] 老尼克. 开放的中华：一个番鬼在大清国 [M]. 钱林森，蔡宏宁，译. 济南：山东画报出版社，2004：119.

[7] 王宣艳. 芳茶远播：中国古代茶文化 [M]. 北京：中国书店，2012：35.

[8] 多林. 美国和中国最初的相遇：航海时代奇异的中美关系史 [M]. 朱颖，译. 北京：社会科学文献出版社，2014：26.

第四章
西人西货来西关

"粤商文化"丛书

漫话十三行

置放纹银
明代万历年间的戏曲版画,图中人正在置放纹银。

广州人会把来自欧美的外国人叫西人。西人来到十三行所在的广州西关,图的是中国出口商品。做买卖,没道理空手套白狼,面对强势的中国出口商品,西人愁眉紧锁:带点什么货物来西关呢?

这个难题可谓岁深月久,"难以找到能在亚洲市场上出售的物品。这个问题其实早在古罗马时代已经出现了——当时的罗马帝国为了支付中国的丝绸和印度的纺织品而耗尽了自己的黄金"[1]。可今时不同往日,如今西方资本壮大起来并能成其为"主义",西人会有些什么新招儿了呢?

---

[1] 斯塔夫里阿诺斯. 全球通史:从史前史到21世纪[M]. 董书慧,王昶,徐正源,译. 北京:北京大学出版社,2005:458.

一、首屈一指是白银

中国再地大物博,中国再先进发达,也不能包揽下整个地球的所有好处,别的地方总有中国缺少而中国人又喜欢的东西吧？

西方人一直在观察、琢磨、尝试，慢慢地，他们摸出了门道：中国人喜欢白银，老百姓喜欢，皇帝更喜欢。

黄金白银是贵金属，即在自然界含量少、难开采且价格昂贵的金属。中国是一个贫银的国家，以前流通的货币就是贱金属铜钱。当贵金属光临中国，立马受到官家与民间的欢迎。英国经济学家亚当·斯密在他那本闻名天下的《国富论》中就说道："中国比欧洲任何国家都富得多，但贵金属价值在中国，却比欧洲各国高得多。"[1]

中美洲、南美洲，或者说拉丁美洲，拥有世界上最大的银矿。西方人第一个地理大发现是发现美洲新大陆，由哥伦布带着西班牙船队在中美洲登陆。发现了新大陆的西班牙人很快发现了新大陆的银矿。

1520年（明正德十五年），又一支西班牙船队登陆中美洲，这是人类第一次环球航行的麦哲伦船队。水手们看到那里的印第安人都戴着银首饰，心想那里准是白银产地了，于是把那儿的两条河流汇合之处叫"白银之河"。这一带成了西班牙的殖民地，西班牙人带来的拉丁语"白银"语义的Argentun演变成这里的国名：阿根廷。

很快，西班牙人弄清楚了，这以"白银"为名的地方并不产银，产银的是它的邻居玻利维亚，还有墨西哥、秘鲁、智利、洪都拉斯、尼加拉瓜……哪里都不打紧，反正这一片都是西班牙的殖民地，

人们从秘鲁的矿石中提取贵重金属（绘于18世纪）

第四章　西人西货来西关　81

漫话十三行

哪儿的银矿都是西班牙人的囊中之物。

这真是天上掉下来的横财。西班牙占有拉丁美洲的 300 年间，共运走黄金 250 万千克、白银 1 亿千克，以至于 16 世纪欧洲的银储量增长了 2 倍，金储量增长了 20%。

西班牙人掠夺的白银，除了自己享用，还以不同的方式大量流入其他欧洲国家，尤其是荷兰、英国等经济先行的国家。

西班牙也好，其他欧洲国家也好，它们的白银又去了哪儿呢？

美国的人类学家马歇尔·萨林斯说，"在近三个世纪里，中国就是欧洲白银的坟墓，所有的白银有去无回"[2]。

中国的历史学家戴逸说："据史料统计，1600 年以后 200 年期间，全世界生产白银 12 万吨，有三分之一即 4 万吨流向中国。"[3]

一条一条的西方商船，一支一支的西方船队，满载着白银，驶向遥远的中国。

吴建雍先生有过统计：1635—1753 年（明崇祯八年至乾隆十八年），有 215 艘英国商船来广州，平均每船载有白银 3 万镑，那么总数就有 645 万镑，约合 1 935 万两，平均每年 16 万两。而在同时，广东省每年的田赋收入达 80 万～120 万两。与英国的贸易可以占到田赋收入的 1/7～1/5。这还只是一个英国，没算上其他的西方国家；这还

西班牙人从美洲运出金银的四桅帆船

是"一口通商"前的情景。

到了"一口通商"鼎盛之期，白银进口更是盛况空前。每逢广州的贸易季，说十三行是银山银海不算夸张，更有歌谣唱"银钱堆满十三行"。

1761—1800年（乾隆二十六年至嘉庆五年），英国在广州共购买了价值3 399万多镑的中国货，但只卖掉了130多万镑的英国货，逆差额高达2 093万多镑。英国人得用白银填补这个大窟窿。马士这样记载："总的说来，在那个时期，我们现在叙述的每艘船，从英伦运出的资金是白银。"[4]

西方人运来的白银同中国白银不同，中国白银叫银两，又叫纹银、官银，为块状；西方白银叫银元，是扁圆形的硬币。

纹银与银元之间可以换算：

1两纹银 = 1.388银元

1元银元 = 0.717两纹银

从明朝隆庆年间（16世纪中叶）开始，银元流入中国。在外来的银元入银库前，广州人有一道严格的手续，包括鉴定和过秤。履行这道手续的技师叫看银师，十三行的一个重要行业。

银师身边常常是堆成小山似的银元。每个银元都要经看银师之手，每个看银师都有一个铁质的私人印章，他们在检验过的银元上戳上私人印章留下戳记，以示对其品质负责任。然后是过秤，"白银放进铜秤盘里，又被取出，锵然有声。这是旧广州的生活中每日每时不可或缺的、炫目的伴随物"[5]。美国人亨特这样描述。

钱商和他的妻子(马里纳斯·范·雷默斯韦勒绘于1540年)

画面的桌上摆放着西方通用的银元。

第四章 西人西货来西关

"粤商文化"丛书

漫话十三行

中国官方认银两不认银元。像海关收税，必须得用纹银，西方来的银元被倾铸为中国的纹银，方可最后收入官库和解送北京。

随着西方商船越来越多的到来，广州成了中国的大银库。18世纪中叶（乾隆年间），从广州十三行流入中国内地的白银，平均每年100万～400万两。英国来客惊叹道："在这座当之无愧为帝国最富有的城市之一里，遍地白银，有些人家财万贯，店铺与客栈也贵货满盈……"[6]

1822年（道光二年）11月1日，十三行不幸发生火灾，七天七夜连烧了15 000多户，史载"洋银熔入水沟，长至一二里，火熄结成一条，牢不可破"[7]。

全世界的白银如百川入海般地流向中国，西方人愤愤不平了——

"白银在寰宇之内四处流动，最终皆集于中国，就如同是江河入海一般，一去不归。"[8]葡萄牙人说。

"从秘鲁运过去的银条足够中国皇帝修建一座银殿了。"[9]西班牙人说。

西方人也热爱白银，但更酷爱中国的茶叶、生丝、南京布……没办法，他们只能拿他们的热爱去换取他们的酷爱。

---

[1]斯密.国民财富的性质和原因的研究：上卷[M].郭大力，等译.北京：商务印书馆，1972：230.

[2]多林.美国和中国最初的相遇：航海时代奇异的中美关系史[M].朱颖，译.北京：社会科学文献出版社，2014：115.

[3]戴逸.戴逸自选集[M].北京：中国人民大学出版社，2007：247.

[4]马士.东印度公司对华贸易编年史1635—1834年 第一卷[M].区宗华，译.林树惠，校.章文钦，校注.广州：广东人民出版社，2016：73.

[5]亨特.广州番鬼录；旧中国杂记[M].冯树铁，沈正邦，译.章文钦，骆幼玲，校.广州：广东人民出版社，2009：63.

[6]唐宁.番鬼在中国：下册[M].魏雅丽，方莉，译.（未出版）

[7]广州市历史文化名城研究会，广州市荔湾区地方志编纂委员会.广州十三行沧桑[M].广州：广东省地图出版社，2001：52.

[8]昌达.绑在一起：商人、传教士、冒险家、武夫是如何促成全球化的[M].刘波，译.北京：中信出版社，2008：47.

[9]昌达.绑在一起：商人、传教士、冒险家、武夫是如何促成全球化的[M].刘波，译.北京：中信出版社，2008：162.

二、西方人的尴尬

西方人到西关，曾经很尴尬。

本来，远涉重洋来到东方就是为了做买卖、赚大钱。一想到中国有上亿的人口，那是何等巨大的商业市场，那会带来何等丰厚的商品利润！西方人满心欣喜和激动。

可是，当西方人来到十三行时，他们的心凉了。

比如英国人。

英国的养羊业闻名于欧洲。1598年（明万历二十六年），一位游客对英国农村的景象有这样的感慨："土地肥沃，到处是牲畜，几乎1/3的土地因为放牧而没有被开垦，山丘上没有生长一棵树但牧草茂盛，到处是白云般的羊群在游荡。"[1]

18世纪末工业革命之前，由养羊业带出来的传统毛纺织业，一直在英国手工业中占着中心地位，毛织品出口占英国出口额的1/3，英国至少有1/5的人口要依靠毛纺织业过活。

英国的草场和羊群

英国的羊毛和毛纺织品在欧洲都是最优等的，是欧洲市场的畅销商品。英国人把这张王牌抓在手里，兴冲冲地来到中国广州的西关，不想碰了一鼻子灰。地处亚热带的广州终年无雪，真正称得上冬天的日子没几天，这里的人们对毛纺织品不感冒。而且，保存

漫话十三行

这种东西在潮湿多雨的广州本身就是个大麻烦。这让英国人尴尬得下不了台。

连王牌都推不出去,英国人还能打出什么牌呢?

英国人终于占领了印度。占领了印度就占有了世界最优质的棉花。中国人不待见毛纺织品,棉布总是生活必需吧。于是英国人向广州大量推销印度棉花。可是,棉花的销售也是起起伏伏的,不稳定。

像1821年(道光元年),英国东印度公司的6艘船运来了28 601包棉花,因为滞销亏了56 519两白银。1822年(道光二年),十三行发生火灾,棉花库存严重损失,加上长江三角洲棉花歉收,于是印度棉花价格回升。到了1826年(道光六年)再度下跌……

在广州的英国商人查理·麦尼克不得不写信给印度孟买最大的棉花出口商默塞尔公司,信中悲凉地说:"我们不能鼓励你在下一季再做棉花买卖了。"

印度河流域的棉田

怎么办?怎么办?西方人愁肠百结。

1784年(乾隆四十九年),美利坚合众国的商人驾着一条风帆船第一次远赴东方。这条船取了一个讨巧中国人的名字——"中国皇后"号,船上装满了依美国人的想象而讨巧中国人的商品——西洋参。

还是在美国未成为美国而只是英国殖民地的时候,那里的人们就早早地知道了中国的Canton(广州的西文名)。新生的美国贫穷,缺乏财富;新生的美国孤独,缺少朋友。怎样才能走出经济困境?他们寄希望于广州。可是,拿什么美国货去广州呢?英国人好歹还有毛纺织品，美国人可是两手一摊，双肩一耸，什么也没有。

"天下无难事，只怕有心人。"一心赶赴广州的美国人终于找到了办法：美洲土著印第安人的西洋参。有心的美国人做足了功夫，他们深入远山荒原，精选4万条优质的西洋参装上了"中国皇后"号。

果然，功夫不负苦心人，来自新大陆的新商品西洋参在西关很受欢迎，"中国皇后"号的这批西洋参利润高达500%～600%。美国人开心地笑了。

可是很快，美国人的一脸笑容换成了一副哭相。

中国人很快发现，西洋参不同于中国本土和高丽的人参，药效差别很大。还有，这大清朝是满族人的江山，满族人来自中国东北，那里正是中国本土人参的产地。人参是高级药材，人参的销售是皇家内务府的专卖事业。西洋参也是参，很快被喝停。

西方人继续他们的尴尬与苦恼。

这个世界总会有些稀奇古怪的事情。同样是炎热潮湿的广州，毛纺织品吃不开，但毛皮大受推崇。广州的富人们、贵人们爱穿毛皮，整套的毛皮裹在身上自然是热得受不了，那就在领口袖口衣边镶上毛皮边儿，好歹也算是毛皮上身了。

这种衣着喜好来源于满洲。满族人从寒冷的关外入主中原，带来了寒地的服饰习俗：讲究穿毛皮。正如蔡鸿生先生指出的："清代皇族豪门服用毛皮的礼仪，

广州街头叫卖毛皮的小贩

第四章 西人西货来西关

漫话十三行

在朝野中蔚然成风，逐渐变成社会上层身份的标志。即使四季如春的广州，也不例外。"[2]

所以，衣着毛皮是身份、荣耀、尊贵的象征。在气候炎热潮湿的广州尚且风行，何况冰天雪地的北方？

中国人喜好毛皮！西方人抓住了这个难得的商机。

毛皮就是带毛的兽皮，"一口通商"时广州进口的毛皮，是海獭、海豹、海狸、海狗等的毛皮，这些海洋动物生活在南极圈和北极圈一带。俄国地处寒带，俄国人抢占了先机。他们跑到太平洋北边濒临北冰洋的附近，捕杀海洋动物，大量的毛皮通过俄罗斯与中国相连的恰克图流入中国。

1805年（嘉庆十年），第一艘俄国商船驶临广州，船上的货物正是毛皮。

俄国商船是后来的事了，广州的毛皮贸易最早起于库克的船队。

1776年（乾隆四十一年），英国著名探险家詹姆斯·库克开始了他最后的一次太平洋探险航行。库克的船队沿着太平洋海岸测量美洲的西北海岸，就是北美大陆的太平洋沿岸，它的西北地区就是西北海岸，包括今天的加拿大西岸、美国华盛顿州、俄勒冈州及加利福尼亚州北部等。在西北海岸的奴特加海峡，库克从当地的印地安人手中得到了一些皮货。

第二年，库克的船队来到广州黄埔港，这批毛皮出手了，卖出的高价让船队的水手们眼睛发直——在西北海岸只用6便士就能买到的一张毛皮，在广州的

北美大陆的西北海岸（［英国］约翰·韦伯绘于18世纪70年代）

价钱是100美金!

这个重大的商机让美国人知道了,美国人眼红了。

为了诱人的高额利润,美国人跑一趟广州也真算是千难万险。那时北美的大陆东部海岸和西部海岸之间无路可通,而初生的美国国土在大陆的东部海岸。他们从这里出发向南航行,一直要到南美洲的顶端,从合恩角绕过去再折向北往西北海岸。收集好了毛皮,他们从西北海岸横跨太平洋,中途在夏威夷短暂逗留后,便直指广州。

在广州,该卖的卖了,该买的买了,他们一般不抄原路回国,而是走欧洲人到东方的传统航线:南中国海—东南亚—印度洋—好望角—大西洋,最后回到美国东部海岸。这样的环球一趟至少得费上3年的时间。

这还不够,美国人千里迢迢远航至靠近南极的海域,那里也有大量的海豹。数以万计、百万计的海洋生灵,不管在北极还是南极,大批大批地死在西方人的手下。西方人杀红了眼,那时,赴广州的西方商船,一条船上的毛皮就是几万张。

海洋生灵要是有思想,一定会愤怒地上诉苍天:疯狂的人类!

千千万万海洋生灵的灭亡换来了广州西关毛皮市场的购销两旺。毛皮不但流向广州,更源源不断地供应内地。中国人多市场大,西方人海运而来的毛皮在一口通商的广州集散,西关大大小小的商铺里出售毛皮,还有很多走街串巷叫卖"皮草"的小贩。广州成了与北方俄罗斯的恰克图齐名的皮都。

1791年(乾隆五十六年),仅英国商船运来广州的

西北海岸的水獭
水獭毛皮是中国人的珍爱。

第四章　西人西货来西关

"粤商文化"丛书

漫话十三行

毛皮就有：海獭皮 8 608 张，海狸皮 36 983 张，豹皮 7 537 张，狐狸皮 1 350 张，兔皮 115 510 张。这还没算上其他国家的。

后来，夏威夷的檀香木也被西方人发现了。

美国人在第一次从西北海岸驶向广州的途中发现了夏威夷群岛。在夏威夷逗留期间，厨师为他们烧菜，嗞嗞作响的炒锅底下燃烧的木柴，散发出一阵阵异乎寻常的芳香。惊奇的美国人马上打听得知，这是岛上盛产的檀香木。夏威夷的檀香木成材后坚硬而馥郁芳香，当地人会将檀香木研成粉末制成香料。而中国人喜欢檀香木，更喜欢檀香。

只要中国人喜欢就好。美国人又开始了新一轮的疯狂。

砍！后来被中国人称作檀香山的夏威夷，檀香木很快被砍光，檀香山上无檀香。

接着发现东南亚的斐济岛上也有檀香木。

生活在夏威夷的土著（绘于18世纪80年代）

砍！斐济岛的檀香木很快也被砍光。

西方人为了在广州西关的生意，将太平洋岛屿上的一座座青山剃成了秃头岭。

疯了，疯了，西方人疯掉了。

毛皮进口在1808—1812年（嘉庆十三至十七年）达到鼎盛，1820年（嘉庆二十五年）以后便急剧下降。檀香木的进口也只热闹了十年便风光不再。"这两种生意衰落的原因，是由于贪婪的商人弄空了供应的来源。"[3]

疯狂的西方人为中国成语"竭泽而渔"做了准确而鲜活的注释。

疯狂的西方人还是没能走出他们在十三行的尴尬。

---

[1]谭树林.英国东印度公司与澳门[M].广州：广东人民出版社，2010：23.

[2]广东省博物馆.异趣同辉：广东省博物馆藏清代外销艺术精品集[M].广州：岭南美术出版社，2013：15.

[3]格林堡.鸦片战争前中英通商史[M].康成,译.北京：商务印书馆，1961：80.

三、不过九牛一毛

也有让西方人意外的。

1792年（乾隆五十七年），英国准备派出一个庞大的使团访问中国。给中国官员们准备什么礼物好呢？英国人很迷惑。请教了知情人，知情人告诉使团："新桑"。

"新桑"，英文"Sing-Songs"（唱歌）的广州话译音，知情人说的新桑，是一种里面装着弹簧外面镶着宝石的八音匣。这让英国人觉得不可思议："这些东西虽然没有什么实际用处，但中国官吏们却醉心追求。"[1]

西式钟表更受中国人欢迎。

进入近代后，西方钟表业发端并发展很快，也很快传入中国。美国人亨特在一次与广州官员的会面时就注意到，每个官员身上都戴着表。

是中国的政界和商界的精英们看上了西方的先进

18世纪英国制造的铜镀金象驮水法表（故宫博物院收藏）

"粤商文化"丛书

漫话十三行

18世纪英国制造的木楼自鸣鸟顶四面盘时乐钟（故宫博物院收藏）

科技吗？如果当时真有这份清醒，中国也就不会有后来鸦片战争的战败了。中国人计时用古老的滴漏，西洋钟表计时的功效与滴漏不可同日而语；但是，中国人看中的是一种精致的玩物，更愿意将它归为珠宝珍玩一类。

"新桑"也好，钟表也好，出售的价钱都不菲。它饥不可食，寒不可衣，老百姓消受不起，追捧的都是达官贵人或富豪人家。

清代曹雪芹生活的年代与"一口通商"年代相近，他在《红楼梦》里第六回披露了一个为人熟知的细节。刘姥姥初进大观园，在王熙凤屋里见到了一个稀罕的物件："刘姥姥只听见'咯当咯当'的响声，很似打罗筛面的一般,不免东瞧西望的,忽见堂屋中央柱子上挂着一个匣子,底下又坠着一个秤砣似的,却不住地乱晃"。这就是西式大座钟(匣子)和座钟的挂摆(秤砣)了。

这种昂贵的玩物或摆设,套用今天的概念就叫奢侈品。西洋钟表,以其精巧的设计、奇特的功能,还有美观名贵的装饰、十足的异域风情,成为奢侈品的代表。尤其在号称盛世的乾隆年间,由酷爱西洋钟表的乾隆皇帝领头,全国掀起了一股享用并收藏西洋钟表的时尚热潮。

各式各样的西洋钟表基本上由广州口岸进口,以英国制造为主,也有法国、瑞士的产品。

1757年(乾隆二十二年),也就是"一口通商"的头一年,两广总督和粤海关监督向乾隆进贡了一座镀金洋景表亭的西洋钟。乾隆特别高兴,表扬了一番后接着叮嘱:"嗣后似此样好看者多觅几件;再有大而好者,亦觅几件,不必惜价。"[2]

光买进还不够,乾隆干脆就在圆明园的如意馆内专设了钟房,给西洋传教士们制作钟表。

官宦人家
女主人正在清点礼品。
([英国]托马斯·阿罗姆绘于19世纪中叶)

第四章 西人西货来西关

"粤商文化"丛书

漫话十三行

如今的故宫博物院里收藏了上千件华贵的西洋钟表,以乾隆皇帝所做的贡献最多。

上有所好,下必从之。

最积极效仿皇上的是乾隆的第一宠臣和珅。乾隆一驾崩,他的儿子嘉庆皇帝就抄了和珅的家,所抄家产中仅钟表一项,就有大自鸣钟10座、小自鸣钟156座、桌钟300座、时辰表80个。

虽说都姓着爱新觉罗,可各个皇帝的喜爱不一样。

康熙皇帝喜欢西方的葡萄酒,雍正皇帝喜爱温度计、望远镜等精巧器物,嘉庆皇帝偏爱南洋热带水果,常常吃槟榔。

每年,十三行商人都要根据皇帝和皇亲国戚们的具体要求,采买各种输往皇宫的西洋奢侈品,经由广东督抚和粤海关监督一年数次地进贡北京。其中有紫檀、象牙、珐琅、鼻烟、玻璃器、金银器等。

进贡皇帝,是头等要事。粤海关曾在1755年(乾隆二十年)向外国人发布了《粤海关监督关于对欧洲人贸易的命令》,其中明确:"至于珍奇物品,如珍珠、珊瑚、宝石、琥珀等物,皆属御用物品,铺户不得擅自买卖。……凡珍奇物品,只许保商出价收购。"这个命令最后还气势汹汹地警告说:"本告示实贴各公共处所,有关人等不得诿为不知,仰一体遵照,如有故违,严惩不贷。"[3]

总之,只有由皇帝钦定的十三行商人才有资格操办贡品的采买。当然,最后呈献给皇帝的是广东官员和粤海关官员,而不是出钱又出力的十三行商人。

此外,北京各地加上广州本地的朝臣以及大大小

收获葡萄(弗朗西斯科·德·戈雅绘于1748—1828年)

广州的洋表铺（中国佚名画家绘于1830年左右）

小的官员，都是奢侈品的热心消费者，都是十三行商人要侍候周到的对象。

亨特就说过："行商惯常将昂贵的镶珍珠的表、时钟、八音鼻烟盒或'香水'（中国人称为熏衣草香水和花露水）等西洋物品作为答礼送给有权势的大官，感谢其以前的帮忙，并博取其今后的关照。"[4]

1794年（乾隆五十九年），而益行的石中和破产。石中和向官府上报了他余下的资产及值银的数额，其中有：

房屋和田亩：608 865 两

未售的新旧茶叶：229 428 两

未售的存栈货物：130 075 两

钟、表、千里镜等：222 650 两

……

第四章 西人西货来西关

漫话十三行

在价值 1 478 576 两的总资产中,钟表、望远镜等奢侈品超过 1/6。

对于这份资产表,英国人特别指出:"我们在上项科目中,可以见到私人贸易购入的钟、表等价值甚巨。这些东西,除了可能是收藏家的嗜好对象外,但在行商处必须把它看作是一种贿赂的专款,因为其中的多数,无疑最后是作为礼物送给官员及其属员的。"[5]

贵人们、富人们追求西洋奢侈品,不仅仅为了把玩,也为了炫耀:看,我有钱,我有地位,所以我才有这值钱的稀罕物件!

嘉庆皇帝也说过这样的话:"此等物件,饥不可食,寒不可衣,令其将中土财贝,潜就消耗,太觉不值,殊为可惜。"[6]这话透着了一种让西方人不会舒服的别样的意味。

奢侈品仅为极少数人拥有,在整个西方对中国的进口贸易中,它的份额如此之小,更别说中国人在骨子里对它的蔑视。西方人看重的是打开中国市场,这点小玩意儿,不过九牛一毛罢了,扭转不了西方贸易逆差的大局。

西方人脱不了他们的尴尬与苦恼。

西方人不甘于他们的尴尬与苦恼。

西方人要把这份尴尬与苦恼,转送给中国人。

---

[1]斯当东.英使谒见乾隆纪实[M].叶笃义,译.上海:上海书店出版社,2005:21.

[2]郭成康.18世纪的中国与世界:政治卷[M].沈阳:辽海出版社,1999:335.

[3]马士.东印度公司对华贸易编年史:1635—1834年 第五卷[M].区宗华译.林树惠校.章文钦校注.广州:广东人民出版社,2016:47.

[4]亨特.广州番鬼录;旧中国杂记[M].冯树铁,沈正邦,译.章文钦,骆幼玲,校.广州:广东人民出版社,2009:94.

[5]马士.东印度公司对华贸易编年史:1635—1834年 第二卷[M].区宗华,译.林树惠,校.章文钦,校注.广州:广东人民出版社,2016:292.

[6]梁廷枏.粤海关志:校注本[M].广州:广东人民出版社,2002:499.

四、黑对白的颠覆

"一口通商"开始时,西方人带来西关最多的货物是白的。

"一口通商"结束时,西方人带来的很多货物是黑的,也不带到中国官府规定的西关了,倒是去了中国政府鞭长莫及的伶仃洋。

黑,颠覆了白,裹成了一团一团像黑球似的鸦片,代替了白花花的银元。

最早销售鸦片的是最早来广东的葡萄牙人,但家道中落的葡萄牙人卖鸦片没成大气候。将鸦片贸易做强做大的是英国人。

继葡萄牙、西班牙、荷兰之后,英国迅速崛起。1588年(明万历十六年),英国战胜了西班牙的无敌舰队,开始了对海洋的称霸,甚至是对世界的称霸。不久之后,开始了工业革命,更是干柴添烈火,英国的国力见风即长。

英国很快成为十三行最重要的贸易伙伴。英国最大的企业——英国东印度公司在十三行的外商中一家独大。例如1820年(嘉庆二十五年),广州出口茶叶共274 636担,其中英国东印度公司就占了214 095担。

1757年(乾隆二十二年),英国占领了印度的孟加拉,这块最肥的殖民地就交由英国东印度公司掌管。孟加拉种植的罂粟可以制成优质的鸦片。

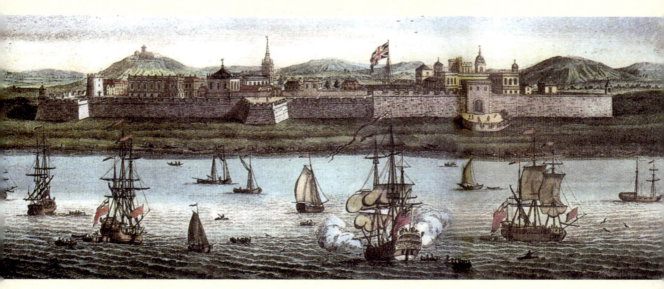

印度圣乔治要塞
1652年,英国东印度公司在印度建立圣乔治要塞。

第四章 西人西货来西关

"粤商文化"丛书

漫话十三行

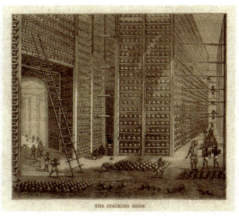

西方版画

印度生产鸦片的车间（属英国东印度公司），分别为鸦片生产的流程：分拣—搅拌—赋形—干燥—仓储。

过去，英国人把印度棉花贩运到广州，交易时要以货易货。而鸦片，在印度本土的销售价格就是种植和生产成本的4倍，再贩运到广州以更高价钱售出，还可以直接换取中国人的白银。

英国人大喜过望。

首先，英国东印度公司将鸦片的专卖权抓在自己手里。他们在印度成立了专卖局，所有的鸦片只能按照预先规定的价格售给这个专卖局。

吸毒丑恶，贩毒罪恶，东南西北的地球人都知道。但是，鸦片在中国直接交易白银，带来的惊人暴利让西方人将道德扔到了九霄云外。

中国政府知道鸦片不是好东西，从1729年（雍正七年）雍正皇帝禁烟开始，之后的乾隆、嘉庆、道光各朝，中国政府都有禁烟令。

英国东印度公司怎会不知晓贩毒伤天害理，怎会不知晓中国政府一直在禁烟？

在印度当权的英国东印度公司盯着一朵朵漂亮的罂粟花出神。想个办法吧，相信不会难。东印度公司一边采取各种软硬兼施的手段逼迫印度人种罂粟，一边将制成的鸦片交给公司以外的英国私商，让他们贩去广东。

例如在1782年（乾隆四十七年），一条叫"嫩实兹"号的英国私商船在广州就得到160 518两白银的孟加拉票据，是位于十三行的英国东印度公司商馆签发的票据。这笔款子，正是"嫩实兹"号从印度巴特那运来的1 601箱鸦片在广州销售所得。而这次用走私鸦片筹集资金的举动，幕后策划人正是英国东印度公司孟加拉大总督。

英国东印度公司在十三行有大买卖，它可不想让中国政府抓住什么辫子。至于鸦片嘛，那是英国个体户干的勾当，与公司无关。这一招挺灵。道光元年（1821年）十月，两广总督阮元和粤海关监督达三就曾向皇帝报告说："英吉利鸦片访系水手人等私置，其公司船主尚不敢自带。"[1]

像击鼓传花，这"花"在印度由公司传到英国私商手中，再往下怎样顺利地传到中国人手中呢？轮到英国的个体户想办法了。

伶仃洋，珠江出海口的一片水域，西方各国商船常来常往。1821年（道光元年），一个叫马地臣的英国私商以独特的眼光发现了一个商机无限的伶仃洋。伶仃洋在虎门之

第四章　西人西货来西关

"粤商文化"丛书

漫话十三行

正在装卸鸦片的英国鸦片船"北京"号（英国版画）

趸船（南城绘于约1850年）

外，既不属广州也不属澳门，是广东官府与澳门葡萄牙当局交界的薄弱点。再说了，这里，西有金星门，东有急水门，是个避风的好去处，水面宽阔，水路通达。

马地臣索性就在伶仃洋安营扎寨，他的船常年停在伶仃洋，外洋的鸦片船来，就在他的船上交易，再由买家运往各地。这种长久停泊在伶仃洋的船叫鸦片趸船。

伶仃洋水上鸦片市场的开辟，让鸦片贸易肆无忌惮地扩张开来。伶仃洋成了世界著名的也是最大的鸦片贸易场。

在广州口岸，英国人先来，美国人后到。美国人初到广州就发现了英国人的生财邪道。怎能让英国人吃独食呢？美国人迅速加入贩毒的行列。

印度是不会让美国人沾边的。难不成普天之下只有印度才产罂粟？美国人不信这个邪。

满世界找毛皮、找檀香木的美国人也满世界地找罂粟。功夫不负有心人，美国人找到了土耳其。

美国人是什么时候开始从土耳其贩运鸦片的已经无法考证确切日期。最早的记载是1805年（嘉庆十年），有3艘美国船从土耳其濒临爱琴海的港口伊斯密尔运出鸦片124箱。

从美国到土耳其，再从土耳其到广东，即使跑了半个地球，美国人卖鸦片仍然赚大钱。

鸦片馆里的烟鬼们丑态百出（［英国］托马斯·阿罗姆原作于19世纪中叶）

"粤商文化"丛书

漫话十三行

那时来广州的美国商人很多都参与了鸦片贸易。其中最著名的旗昌洋行,也就是美国在华最大的企业,被称为"鸦片大王"。

这些美国商人有着两副面孔。当代美国历史学家多林揭露说:"虽然在生活中,许多商人都格外虔诚、正直,活跃于慈善事业,被当时人认为是高尚之士,不过,一到了中国,他们就会根据另一套规则办事。唐斯认为:'对华贸易商是以利润最大化为目的的精明企业家。他们来到广州是为了寻求财富,在中国不择手段,回到美国后再拾起道德。'"[2]

滚滚而来的财源,让英国人、美国人都收不住手了。

鸦片战争前在十三行的英国人岱摩承认:"这几百年来,没有一种贸易能够拓展得这么快。自从东印度公司的两位秘密代理人瓦特逊上位和印度副驻扎官威勒设想从孟加拉湾向中国输入鸦片,每年的鸦片销量都是前一年的十倍之多。""1767年之前,鸦片进口没有超过两百箱;1773年英国人开始独占鸦片贸易时,进口量将近一千箱……现在已有超过三万箱的鸦片走私入境。这样的递增不知到何时才会结束。"[3]

当西人的货由白变成黑,当西人出手的货物由西关转向伶仃洋,中国的大灾大难来临了。

---

[1] 梁廷枏. 粤海关志: 校注本 [M]. 广州: 广东人民出版社, 2002: 360.

[2] 多林. 美国和中国最初的相遇: 航海时代奇异的中美关系史 [M]. 朱颖, 译. 北京: 社会科学文献出版社, 2014: 213.

[3] 老尼克. 开放的中华: 一个番鬼在大清国 [M]. 钱林森, 蔡宏宁, 译. 济南: 山东画报出版社, 2004: 51.

第五章
大码头，大商人

"粤商文化"丛书

漫话十三行

十三行的行,也叫洋行或洋货行,是专同外国人做生意的大商行。

十三行商人叫行商或洋商。

香港学者刘凤霞曾总结说,那时"西方人心中的广州口岸是中国唯一可提供给他们机会的 great commercial city(伟大的商业城市)"[1]。伟大的商业之城涌现了一批大商行,活跃着一批大商人。

---

[1] 赵春晨,冷东.广州十三行与清代中外关系[M].广州:世界图书出版广东有限公司,2012:187.

一、耀眼的商界明星

他们是一批中外瞩目的商界明星:启官、浩官、茂官、经官……在中华大地,在全球各地,曾经不知有多少人,嘴里常常念叨着这些名字。

十三行的大商人是如何炼成的?潘、伍两家很有代表性。

"一口通商"时最显赫的是潘、伍两

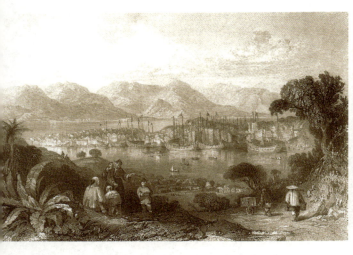

从鼓浪屿望过去,对岸是帆樯林立的厦门港([英]托马斯·阿罗姆原作于19世纪中叶)

个家族。开创人潘振承和伍国莹，都来自福建。

福建与广东，都是外贸传统色彩最浓的，所不同的是，福建以出洋为多，广东以坐镇为重。比较起其他的外贸港口，外国商船来中国更多地愿意停泊广州；葡萄牙租借的澳门又是广州的外港，所以，广州的外贸商行自然偏多。于是吸引了很多福建人。

潘振承少年时来广州，伍国莹则是祖上就来了广州。他们都是从洋行打工做起，都以勤奋、诚实和精干赢得了东家的欣赏乃至信任，渐渐参与了行务的管理。

潘振承是在东家结束了行务后自己独立门户，创立了同文行，时间应在"一口通商"开始之前。

伍国莹是从东家跳出来而参与了元顺行，时间在"一口通商"开始27年后的1784年（乾隆四十九年）。

潘振承的儿子潘有度继承了同文行，后来改为同孚行。潘有度的儿子潘正炜再接手了行务。

同文（孚）行的辉煌持续了近百年。留存至今的同文街正是以潘氏洋行为名的。

伍国莹创业后，因与英国人产生贸易纠纷而陷入困境。虽然后来得以摆脱，但伍国莹很快将行务移交给次子伍秉钧。1792年（乾隆五十七年），伍秉钧接手父亲的事业，并正式创办了怡和行。可惜，伍秉钧在35岁时英年早逝。伍国莹第三子伍秉鉴从兄长手中接过了怡和行。在他手里，怡和行被推向了顶峰。在广州西关，如今仍保留着"怡和大街"的地名。

像潘振承、伍秉鉴那样由洋行伙计而上位的还有天宝行的梁经国，天宝行也是名列前茅的大商行，1808年（嘉庆十三年）开业。

同文行的潘振承

"粤商文化"丛书

漫话十三行

类似的还有源顺行（1782年开业）、泰来行（1784年开业）、义成行（1792年开业）、达成行（1792年开业）……

有的行主开业前是依托行商的无行照商人，如泰来行（1784年开业）、广利行（1792年开业）、会隆行（1793年开业）、东生行（1794年开业）、孚泰行（1835年开业）……

此外，也有以行外商人身份承充行商的，如隆和行（1782年开业）、西成行（1802年开业）、中和行（1830年开业）、同顺行（1832年开业）……

有的是行商的亲戚，如丽泉行（1797年开业）、万源行（1808年开业）……

有从通事身份承充行商的，如东裕行（1809年开业）……

他们殊途同归，最后都是在粤海关那里申请营业执照，核准的权力在皇帝那里。

清政府对行商的准入设置了很高的门槛。

1813年（嘉庆十八年），粤海关监督在上奏皇帝时说："臣伏思洋商承揽夷货，动辄十万两；承保税饷，自数万两至十余万两不等，责成綦重，非实在殷实诚信之人，不克胜任。"[1]

中国商人和西方商人在进行茶叶交易

是啊，承办外贸业务，动不动就是白银10多万两的生意，动不动就是上万两甚至上十万两的税款，责任如此重大，不是家底殷实的人，不是恪守诚信的人，怎可担此重任？

冠冕堂皇的话是如此说了，另外还有端不上台面的潜规则：不给粤海关私下里送上一大笔银子，就难以跨进行商的行列。"东印度公司的记录和其他有关的资料一再地提到每位行商在请领执照的时候都分别被榨取20 000至60 000两不等的银子。"[2] 即便是违心地破费，精于成本与收益核算的行商还是愿意掏这笔钱，"虽然这份执照所费高昂，它却保证行商财源广进，不断取得巨大的经济利益"[3]。

每个商行都有行号，每个商人还有个商名。做买卖时，行商们常用的是商名而不是自己的姓名，如伍秉鉴的商名叫伍敦元。

西方人对行商的习惯称呼里带个"官"字，表示一种尊称与身份，接近于"大人"，西方人认为相当于"先生"。

根据梁嘉彬先生的《广东十三行考》，道光十七年（1837），行商的行名和姓名如下：

怡和行　伍崇曜　伍浩官

广利行　卢继光　卢茂官

同孚行　潘正炜　潘启官

东兴行　谢有仁　谢鳌官

天宝行　梁丞禧　梁经官

中和行　潘文涛　潘明官

顺泰行　马佐良　马秀官

仁和行　潘文海　潘海官

同顺行　吴天垣　吴爽官

孚泰行　易元昌　昆水官

东昌行　罗福泰　罗隆官

安昌行　容有光　容达官

兴泰行　严启昌　严××[4]

第五章　大码头，大商人

"粤商文化"丛书

漫话十三行

陈铿主创的油画长卷《远航之梦》中的行商群像

外国人对行商的称呼是可以传世的。比如潘振承以及他的儿子潘有度、孙子潘正炜都是启官,为了区别,人们会称之为一世、二世、三世。

伍国莹被尊称为浩官,他的儿子伍秉钧、伍秉鉴,孙子伍受昌、伍崇曜都是浩官。

关于行商的工作场所,美国商人亨特有一个具体的描写:"重要的行占着一大片地方,中间有空地隔开,分成几个部分;各处都明亮通敞,而且极其清洁、井然有序。入口的大门夜间关闭,由一个或更多的守门人住在大门近旁负责看守。但是在特别的情况下,譬如商务繁忙的时候,行商也会日夜待在行里。为了应付这种商务繁忙的状况,行号设有舒适的房间和厨房。房间里装饰着木雕,灯笼从屋顶上垂吊下来(很少有天花板的),墙上挂着字画的条幅。实际上,它们是按私人住宅的套房那样,布置得雅洁宜人。用红色方砖砌成的地板,通常无论冬夏都铺着藤或草编成的垫子。如果冬天很冷(这在广州是很少有的),屋子里就用火盆取暖,盆里几乎完全没有烟,因为中国人的房屋是没有烟囱的。"[5]

为了更有效地管控行商,也为了避免行商之间的恶性竞争,在清政府的

西方商人洽谈（佚名中国画家绘于1800年）
画面中间是正与西方商人洽谈的行商，后面是众多踩茶装箱的工人。

一手操持下成立了公行，也就是十三行商人的联合商会。商会的办公场所叫公所。

"在同文街北面尽头的对面，矗立着一组很漂亮、宽敞的中国式建筑，称为'公所'或'洋行会馆'。它有很多套用来接待客人和办事的房间，有露天的庭院。公所由中国人负责管理，经常是井井有条，十分洁净。公所是行商的公产，靠行商拨款来维持。任何与外国贸易有关的事都需要通过公所，例如，订立新规，或重申旧规，或修改税则时，都请'大班'即外国商馆的负责人来这里与行商商议。"[6]

公行的首领即行商的首领叫总商，由粤海关"于各行商中，择其身家殷实、居心诚笃者，选派一二人"[7]，并报到中央的户部备案。先后担任过总商的都是行商中的佼佼者：潘振承、蔡世文、伍秉鉴、卢观恒……

十三行商人，最耀眼的商界明星，如果广州口岸是个舞台，那么舞台上聚光灯的五彩光柱，则是打在了他们的身上。

---

[1] 梁廷枏.粤海关志：校注本[M].广州：广东人民出版社，2002：498.
[2] 陈国栋.东亚海域一千年：历史上的海洋中国与对外贸易[M].济南：山东画报出版社，2006：284.
[3] 亨特.广州番鬼录；旧中国杂记[M].冯树铁，沈正邦，译.章文钦，骆幼玲，校.广州：广东人民出版

社，2009：47.

［4］赵春晨，冷东．广州十三行与清代中外关系［M］．广州：世界图书出版广东有限公司，2012：86.

［5］亨特．广州番鬼录；旧中国杂记［M］．冯树铁，沈正邦，译．章文钦，骆幼玲，校．广州：广东人民出版社，2009：427.

［6］亨特．广州番鬼录；旧中国杂记［M］．冯树铁，沈正邦，译．章文钦，骆幼玲，校．广州：广东人民出版社，2009：35.

［7］梁廷枏．粤海关志：校注本［M］．广州：广东人民出版社，2002：491.

二、大出大进大卖场

十三行商人经营的业务，有可能是当时世界上最大宗的买卖。

就以1833年（道光十三年）为例，这是《东印度公司对华贸易编年史》中记载的最后一年——

进入黄埔港的外国商船共189艘，其中，英国107艘，美国59艘，荷兰8艘，法国7艘，丹麦4艘，比利时1艘，普鲁士1艘，汉堡1艘，墨西哥1艘。

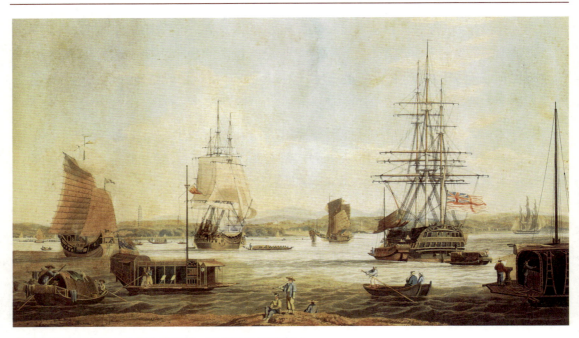

黄埔港的外国商船（［英］爱德华·邓肯绘于1835年）

出口商品统计,其中,茶叶258 301担,生丝9 920担,丝绸66 550匹,南京布30 600匹。

那么多的中国出口商品,要交到十三行商人手中,经由他们卖给外国商人;那么多的外国进口商品,也要交到十三行商人手中,经由他们卖给中国内地商人。出口货也好,进口货也好,在他们手里,一进一出都有一个差价,行商赚的钱,就是这个差价。很显然,行商的本质仍是牙人,他们是牙人的升华。

十三行商人与外国商人做生意的交易方式是"以货易货",就是说,双方都以自己的货物等价交换对方的货物。例如,英国商人以毛纺织品交换中国行商相等价钱的茶叶。

1822年(道光二年),皇帝在一道上谕中就斩钉截铁地说:"定例广东洋商与夷人交易,只用货物,收买转贸,不准用银,立法甚为周备。"[1]上谕中的"洋商"即十三行商人,"夷人"即外国商人。

商品交换有不同的方式,今天最常见的是以货币获取商品,一手交钱,一手交货。货货交换的方式虽然现今还有,却是一种原始的方式,比如某牧民以一只羊交换某农民的几袋麦子。

这就冒出一个问题:"一口通商"时代,西方资本主义已经横行世界,中国的商品经济十分活跃,中西方的金融业都日趋成熟,偏偏在十三行这个国际大卖场,为什么要那么坚持这样一种原始的交换方式,甚至"立法甚为周备"呢?

再回到道光皇帝的那道上谕,在说"定例广东洋商与夷人交易,只用货物,收买转贸"之后,一语就回答了"为什么",那就是"不准用银"。

道光皇帝的父亲嘉庆皇帝也发过类似的上谕。嘉庆十九年(1814),有人报告朝廷,说广州的外国商人串通了十三行商人,找借口"每年将内地银两偷运出洋,至百数十万之多"。嘉庆皇帝一听着急了,下谕令给两广总督蒋攸铦和粤海关监督祥绍,首先强调了中外交易必须坚持以货易货:"夷商交易,原令彼此以货物相准,俾中外通易有无,以便民用。"之后便是落实到了白银上:"若将内地银两每年偷运出洋百数十万,岁积月累,于国计民生,均有关系,着蒋攸铦、祥绍查明每岁夷商等偷运足色银两实有若干,应如何酌定章程,严密禁止,会同妥议具奏。"[2]你们是广东的地方大员,马上采取措施,坚决制止银两外流;你们的做法立即上报朝廷!

"粤商文化"丛书

漫话十三行

道光也好,嘉庆也好,在他们的时代,不论中国还是西方,都通行银本位的货币制度。中国皇帝却不准银两在广州外贸市场上流通。无独有偶,同一时期,在中国北疆口岸的恰克图,中国与俄罗斯的贸易也是严格规定以货易货。这是个什么道理?

马克思对此有过分析:"在恰克图的边境贸易,事实上或条约上都是物物交换,银在其中不过是价值尺度。……在欧美同亚洲之间,银一直充当购买手段,而在亚洲,它就沉淀为贮藏货币。"[3]中国皇帝要的就是让白银沉淀,让白银储藏,为朝廷所用,为皇家所用。广州这么个大进大出的大卖场,防止白银外流的有效办法就是坚持以货易货。

在十三行所有的进口货和出口货之中,最重要的是茶叶。茶叶产地主要在福建武夷山和安徽南部,那里有成百上千的茶园,成千上万的茶农。茶农们把茶叶卖给当地的牙人,即内地茶商;内地茶商将收购下来的茶叶跋山涉水地运到广州。在一般的情况下,内地茶商会把茶叶寄放在广州的茶行里,由广州茶行的老板做中介与十三行商人磋商。行商买下茶叶后再转售给外国商人。

行商的仓库在十三行的江对面,广州人习惯叫河南。外国商船是不能进广州的,在黄埔港与河南之间,靠舢板来往运货。

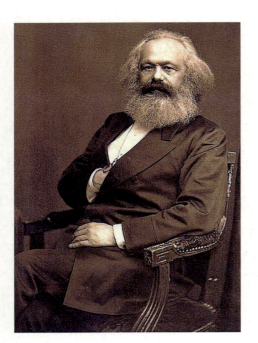

马克思像

这是一个由内至外的链接:产区茶农—内地茶商—广州茶行—十三行—外国商人。在这链条中间的内地茶商和广州茶行能不能将茶叶直接卖给外商呢?不能!官府严格规定,与外国商人打交道的只能是十三行商人。在广州的对外贸易中,十三行做的是独家生意。

广州的茶行

装运瓷器的货船（1770—1790年）
装运瓷器的货船从内地抵达广州的河南，搬运工人正在把瓷器桶抬往左侧的货仓。

"粤商文化"丛书

漫话十三行

一些财力雄厚的行商,在收茶季节会派人直接到茶区监工,直接进货,直接组织运输,以保证茶叶质量,如潘氏的同文(孚)行。也因如此,潘家茶叶的价钱会比较高,但英国东印度公司仍愿意买他家的茶叶,优质的茶叶在英国的售出价也高,这道算术题不复杂。

其他出口商品,如生丝、丝绸、南京布等的交易,大抵也如此。

至于进口的外国商品,当外国商船到黄埔后,会在十三行中选择一个自己认为合适的商行。这条商船上的一半货物由这个商行承销,余下的一半同公行的其他行商分摊。

外国进口商品的推销比不得中国出口商品的顺畅。外商也会动脑筋。他们与行商谈条件,如英国商人提出,你买我多少份额的毛纺织品,我买你多少份额的茶。作为外商的交易对手,十三行商人也动脑筋,如潘振承就向英国商人提出,他愿意多买英国的毛纺织品,但英方要多买他的茶叶而且茶叶价钱要高些;假如英方不要他推销毛纺织品,他的茶叶价钱可以降低 4%。

朝廷恩赐了十三行商人垄断外贸的特权,并不是支持企业家将对外贸易做强做大;十三行商人心里十分明白,不论买入多少外国进口货,卖出多少中国出口货,向粤海关交税都是不容含糊的头等大事。

外洋商船带来的所有进口货物要纳税,由承销的行商在外洋商船离开广州时交纳;外洋商船带走的所有出口货物也要纳税,由承保的行商在为外国商人代置出口货物时早早就随货扣清了。

广州外贸大进大出的大卖场,说到底,还是大清帝国的专场。

---

[1] 梁廷枏.粤海关志:校注本[M].广州:广东人民出版社,2002:346.

[2] 梁廷枏.粤海关志:校注本[M].广州:广东人民出版社,2002:344.

[3] 中共中央马克思恩格斯列宁斯大林著作编译局.马克思恩格斯论中国[M].北京:人民出版社,1993:127.

三、常怀忠厚之心

十三行中有一天宝行,创业的行商是经官梁经国。梁家后人梁纶枢、梁纶焕、梁同新曾有回忆这位先祖的文章,里面提到过一件往事。

某年，一个西方商人面临破产危机，为了对外掩饰真相，向经官购买货物。经官对这位西方商人的情况虽也有耳闻，但还是把货给了他。很多人知道后都在背地里嗤笑经官是傻瓜。经官也就是淡淡地一笑："我与彼交好多年，今一旦支绌，安知其不藉此可以转输，何必为此不情之举。"[1]意思是，我与那位外国商人是多年的朋友了，一看他付款困难，我怎么可能不知道他是想借着这批货来扭转困局呢？可我又何必要在这个时候行不义之举呢？

果然，那位西方商人拿了货却无钱偿还给经官，经官也不怪罪他。

这类故事在经官身上发生过不少，他拿这种事这样教导他的儿孙："以忠厚存心，吃得亏亦是好处。"[1]

投机取巧，坑蒙拐骗，得逞一时，不可长远。成功的商人正是这种常怀忠厚之心的商人，忠厚之心凝聚于"诚信"二字。

1794年（乾隆五十九年）初，广利行行商卢观恒卖出一批生丝给英国商船"特里顿"号。

这时，贸易季进入尾声，西方商船趁着北风纷纷离港返航。正在这个节骨眼儿上，英国商人急匆匆地来找广利行，说这批生丝中有几绞不够精细。广利行马上验看，发现是织丝工人的问题。

这一天是农历的腊月二十七，马上就要过年了。但卢观恒二话不说，退回次品，重新挑选生丝。就在中国人最看重的辞旧迎新的时候，广利行花了七八天的时间为英国人重新挑选生丝。英国人如期收到优质的生丝时，还得到卢观恒拍胸口的保证：今后再不会出这样的

左垣家塾

梁经国的故居"左垣家塾"，位于广州海珠区黄埔村。

第五章 大码头，大商人

"粤商文化"丛书

漫话十三行

称茶图

问题。英国人满意地笑了。

1783年（乾隆四十八年），1 402箱茶叶由英国东印度公司商船从英伦运回了十三行。英国东印度公司找到了同文行，说这批茶叶质量有问题，要求退货。

退废茶，这是十三行从未有过的事。

潘振承查看了这批茶叶，经过一去一回，包装已经破破烂烂。再说，1 402箱茶叶分别是几个行商的生意，有多少是他的，说不清楚了。还有更麻烦的：原本收了税的出口茶叶重新进口广州，又得再收税。

潘振承思来想去，觉得还是信誉要紧。他决定开一个退废茶的先例。潘振承好不容易说服了粤海关，这批重新进口的茶叶得以免税。在同文行的带动下，其他行商也纷纷照数赔偿了英国商人。

为什么在退废茶一事中甘愿吃亏？十三行商人在一份禀帖中剖白心迹。1777年（乾隆四十二年），因为出口茶叶在质量上出过问题，广东巡抚向十三行商人查问。8位行商于4月15日呈交给省政府这份禀帖。

禀帖先是说明问题原因所在：十三行的茶叶来自福建武夷和江南徽州，箱数繁多，路途遥远，难免途中有人贪便宜做手脚。这些作弊之人又将偷换的假冒伪劣产品原箱照旧封固，使人无从察觉，等到外国商人回国拆卖后才发现问题，于是又载回广州退换。即便责任不在自身，但十三行情愿做出赔偿，也不让外国商人吃亏。

行商们坚定地表明："盖商等与夷人贸易，各有行口，原图公正，取信久远，非同过往贸贩，何敢抵假欺诈，自坏经营？"[2]

此言合情，此语合理。

如此一来，英国东印度公司称心如意了。他们说，英国大班与中国商人之间的信用是没有问题的，"各人都信赖彼此之间的声誉。这在退回相当数量的茶叶一事上，表现得最显著"[3]。

即使是运输茶叶的箱子，同文行都很讲究。潘家后人至今保留着当年的茶叶箱："这些茶叶箱尺寸规格标准，坚固耐用，密封性好，即使用于储存画卷，亦能防虫进入。因此，它能适应货运远航到西欧花时超过4个月以上的需要，可以减少途中运输的茶叶的变质损耗，延长储存时间，同时也增加客商对商品质量的信心。"[4]

忠厚之心，取信久远，互惠于中外双方，互利于中外双方。

1810年（嘉庆十五年），英国东印度公司从梁经国的天宝行购进一批茶叶。经过公司验茶师的检验，茶叶质量高于预期，于是，英国人主动将茶叶的价钱由原定的每担25两提高到26两。

长期在十三行经商的美国人亨特说："由于这里的生活充满情趣，由于彼此间良好的社会感情，和无限友谊的存在，由于与被指定同我们做生意的中国人交易的便利，以及他们众所周知的诚实，都使我们形成一种对人身和财产的绝对安全感。任何一个曾

第五章 大码头，大商人

"粤商文化"丛书

漫话十三行

在这里居住过一段较长时间的'老广州',在离开商馆时,无不怀有一种依依不舍的惜别心情。"[5]

美国人最熟悉的是浩官伍秉鉴。长期做美国生意的伍氏怡和行,追求茶叶的优质,多年来近乎苛刻的坚持不懈,以至在美国,带有伍氏怡和行图记的茶叶就是品牌,就是信誉。

每年的贸易季只有半年,贸易季结束后,外国人必须按中国政府的规定离开广州到澳门居住。英国商馆大班每到这时,会把大量的钱财放心地交给伍氏保管。如在1818年(嘉庆二十三年),伍氏替英国人保管的存款有57万多元。

而美国人至今对伍浩官的一件事情津津乐道。

1823年(道光三年),有一位在广州经商的波士顿商人因欠下怡和行72 000元无力偿还,清朝官员不准他回美国。伍秉鉴请他来问明情况,说:"你是我的第一号'老友',你是一个诚实的人,只不过不走运,现在我将欠款期票当面撕毁,把欠款一笔勾销,你可以回国了。"

伍秉鉴虽然损失了7万多元,但他的慷慨一举在美国人中流传开了,为他赢得了很高的声誉。直到今天,伍秉鉴仍是美国人常常提到的名字。

怡和行的伍秉鉴(浩官)(约1840年传为啉呱所绘)

美国历史学家多林在新近的著作中提到,"许多观察家都认为,与美国人打交道的行商是诚实、守信、专业的杰出商人,竭尽所能帮助洋商顺利打通中国贸易的通道,虽然并非总能成功。其中,伍秉鉴更是声

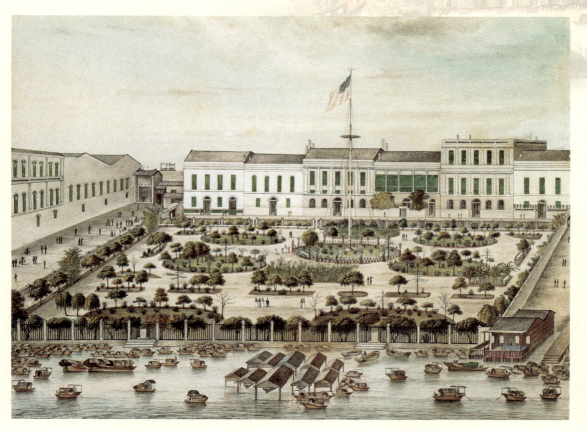

十三行的美国商馆 （中国佚名画家绘于1844—1845年）

名远播。他的正直、友善甚至传到了波士顿、纽约和许多对华贸易活动兴盛的港口，从而成为在美国知名度最高的中国人"[6]。

常怀忠厚之心的商人，才能成为大卖场上的大明星。

---

[1] 梁嘉彬. 广东十三行考 [M]. 广州：广东人民出版社，1999：322.
[2] 梁嘉彬. 广东十三行考 [M]. 广州：广东人民出版社，1999：150.
[3] 马士. 东印度公司对华贸易编年史：1635—1834年 第二卷 [M]. 区宗华，译. 林树惠，校. 章文钦，校注. 广州：广东人民出版社，2016：103.
[4] 潘刚儿，黄启臣，陈国栋. 广州十三行之一：潘同文（孚）行 [M]. 广州：华南理工大学出版社，2006：192.
[5] 亨特. 广州番鬼录；旧中国杂记 [M]. 冯树铁，沈正邦，译. 章文钦，骆幼玲，校. 广州：广东人民出版社，2009：37.
[6] 多林. 美国和中国最初的相遇：航海时代奇异的中美关系史 [M]. 朱颖，译. 北京：社会科学文献出版社，2014：192.

"粤商文化"丛书

漫话十三行

四、投向海洋的目光

诚信、精明，大凡成功的商人都离不开这两个形容词，不论是哪里的商人。那么，十三行商人区别于其他商人的是什么？十三行商人的独特性体现在哪里？

蔡鸿生先生在为《广东十三行考》作的序言中说道："广东十三行的历史，是在朝贡体制向条约体制转变的过程中展开的。与同时代的徽商和晋商相比，它的浮沉更受'夷务'的牵制，具有既显赫又悲凉的独特面貌。"[1]

如果换成一种文学性的语言，或许可以说，十三行商人投向海洋的目光，是中国古代所有的商帮所不及的。

十三行商人掌握世界知识。

十三行商人常常在各国商馆出出进进，各个商馆门前飘扬着各自的国旗：英国、美国、荷兰、丹麦、瑞典、法国、西班牙……

十三行商人常常面对繁杂的进口货物，他们需要弄明白印度的棉花、泰国的大米、南美的铜、美国的西洋参、英国的钟表、夏威夷的檀香木、巴西的糖……

因此，十三行商人常常能够很快地接受外来的新鲜事物。

1784年（乾隆四十九年），刚刚独立的美国第一次有商船驶往广州。这条叫"中国皇后"号的美国船上的事务长约翰·怀特·斯威弗特，在广州写信给在费城的父亲："那些中国人从来没有听说过我们，但是我们自

插屏上的十三行

称来自新的国家。向他们描述了一下我们的国家和历史，告诉他们两国通商的重要性和必要性，对双方都有益，他们看起来对这一点十分理解和赞同。"[2]

潘启官二世潘有度的家中挂着当时最先进的世界地图。1819年（嘉庆二十四年），他还成了美国麻州农学会会员。

而伍浩官伍秉鉴曾自称为巴林公司，那是一家英国的公司。

十三行商人了解国际贸易的游戏规则。

在广州口岸，中国人习惯了物物交易，或者是用白银支付。而在同时，由于资本主义的壮大，西方金融业发展很快。西方人有新奇的金融流通方式：汇票兑现。1761年（乾隆二十六年）11月25日，英国东印度公司在广州签发了第一张汇票。英国商人拿着这张汇票，回到伦敦去兑换现金。

这让中国人一面啧啧称奇，一面不可思议：就凭一张薄薄的小纸片就能漂洋过海地去拿真金白银吗？哎呀呀，牢不牢靠哟！

头一个吃螃蟹的勇者是潘振承，那一天是1772年（乾隆三十七年）2月28日。

潘振承要向几个英国私商购买印度的棉花，手头一时缺钱。而同时，英国东印度公司要向他买生丝，公司是要预付货款的。

潘振承了解英国的汇票，他在这一天同英国公

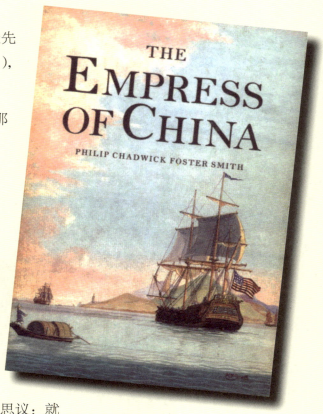

《中国皇后号》一书的封面

第五章　大码头，大商人

漫话十三行

司商量：公司将需要预付的货款开成汇票给他，他将汇票交给卖棉花的英国私商，让他们到伦敦兑现金。公司说，OK（可以）。于是，潘振承、公司、英国私商，三方齐齐OK。

十三行商人富有国际贸易的经验。

还是在"一口通商"前，孚德行行主陈芳观在与英国商馆的贸易纠纷无法解决时，会托人写信给英国东印度公司在伦敦的总部申诉。结果，伦敦方面还真的还了陈芳观一个公道。

1780年（乾隆四十五年），潘启官和石琼官接受了英国公司的建议，同意将黄金当作公司货物来接受。根据贸易的经验，双方议定价格是：星塔金币每100为160旧银元，波多诺伏金币每100为132旧银元，莫赫金币每100为610旧银元，其他金币照比率计算。

西方发达的金融业——英国皇家证券交易所景观（［英］菲力浦·詹姆士·德卢泰尔堡、约翰·查普曼绘于1777年）

1782—1783年（乾隆四十七至四十八年），英国与荷兰交战。这时，有中国商船要下南洋贸易。这些中国商船是有危险的，因为南洋的印度尼西亚是荷兰的殖民地，英国军舰正借战争之机对南洋上的荷兰船大肆抢掠。为中国商船的安全起见，潘振承出面向十三行的英国商馆索取证明，以避免被英国军舰误认为荷兰商船而受到攻击。

1795年（乾隆六十年），广利行的卢茂官就是以他富有的国际贸易经验帮了英国人一个大忙。这年，英国到广州的一批麻布销不出去。英国东印度公司着急了。卢茂官接手了这一麻烦事。国内销不动不要紧，还有国外呢。卢茂官想办法把这批麻布在吕宋销了出去。英国东印度公司一高兴，便主动向卢茂官提出，这批麻布的价钱，卢茂官只需向公司支付成本的2/3就行了。卢茂官也高兴了。

英国与荷兰的海上战争

十三行商人懂外语，尽管水平不高。

这里许多商行都有英文名：EWO（怡和行）、TUNGFOO（同孚行）、KWONGLEI（广利行）。

美国博士范岱克是研究十三行的专家，他保留着同文行潘振承用西班牙文给外国商人写的信。年轻的潘振承到菲律宾闯荡，随船去过三趟。菲律宾是西班牙的殖民地，他从那儿学会了西班牙语。后来到了广州，他又学了英语。

而在哈佛大学贝克尔图书馆，则收藏着50多封伍秉鉴寄往美国的英文信。

第五章　大码头，大商人

"粤商文化"丛书

漫话十三行

像1841年(道光二十一年)12月28日的信,收信人是伍秉鉴的贸易伙伴罗伯特·福布斯。伍秉鉴拿他生孩子的事来调侃:"我发觉你的健康相当好,自从你回国之后,一直没有空闲,祝贺你以后再添一个孩子。"[3]

虽然这些信不是伍秉鉴亲笔所写,只是他的口授,由在十三行的美国人代笔。但由此举我们可以推断,长时间与美国人打交道的伍秉鉴,不可能不懂一点英文。

十三行商人了解西方的风俗习惯。

美国商船(1827年 传为新瓜所绘)
画面下有橘红色的英文:"格雷宏德"号1827年到中国广州(此画应约瑟夫·斯图尔吉斯先生订制)。

有一次，英国人到伍浩官家赴宴，"我们看见了一张欧洲式的长桌已经按照正宗的欧式宴会布置好。桌子上摆放了美丽的鲜花，甜品已经摊开在桌上，英国式的刀叉、酒杯摆放在桌子的外围，但没有见到筷子"[4]。

十三行商人具有向海外投资的胆识。

向海外投资做得最大的是伍秉鉴。他通过美国旗昌洋行的股东投资美国铁路，以及美国的证券交易和保险业务。直到1858年的中文史料还说，伍崇曜"有买卖生理在美利坚国，每年收息银二十余万两"[5]。

举目中国各地，哪一个商人有这般手笔和这般胆量？

所谓时势造英雄，广州这个国际大码头，海足够阔，天足够高，才练就了十三行商人放眼世界的海洋目光。

---

[1] 梁嘉彬. 广东十三行考 [M]. 广州：广东人民出版社，1999：1.
[2] 史密斯. 中国皇后号 [M]. 广州日报国际新闻部，法律室，译. 广州：广州出版社，2007：153.
[3] 广东社会科学，2001（6）：81.
[4] 格雷夫人. 在广州的十四个月 [M]. 梅贝坚，译. 香港：茉莉花出版社，2011：69.
[5] 章文钦. 广东十三行与早期中西关系 [M] // 筹办夷务始末·咸丰朝. 广州：广东经济出版社，2009：66.

五、西方人的倾羡

在西方人看来，广州十三行有世界上最成功的商人。香港出版的一份英国报纸曾经断言："我们认为，浩官完全可能比拟欧洲最著名的商人……果断、审慎、机警和精明都是他商人性格的明显特质。"[1]

1816年（嘉庆二十一年），英国访华使团副使埃利斯到过广州，他很关注与英国利益攸关的十三行商人。虽然在广州只做短期逗留，但他还是有一个初步的印象："潘启官和浩官都是他们行业中的名人，前者据说特别擅长与官员打交道，而后者的经商之道最为精明，他积累起来的巨大财富确实就是他在这方面才能的充分证明。潘启官尽管已经上了年纪，但仍然保持着年轻人的活力，十分自豪地向大使炫示他不足两岁的最小女儿。他充分展示着他的精神面貌和个人性格，尽管他的唠叨说明了他的年龄，但从他

"粤商文化"丛书

漫话十三行

身上一点也看不出年老虚弱的迹象。浩官的体态和相貌说明,他积累起来巨大的财富确实付出了相应的操劳。"[2]

说到十三行商人的惊人财富,首推怡和行浩官伍秉鉴。美国学者特拉维斯·黑尼斯三世和弗兰克·萨奈罗在他们的著作中提到:"到1834年,伍浩官不仅是行商最重要的成员,而且可能是那个时候世界上的首富。"[3]

美国的《华尔街日报》呼应了这种说法。2001年的世纪之交,《华尔街日报》(亚洲版)在"纵横一千年"专辑中评选出了1 000年来世界上最富有的50人,其中包括6位中国人:元朝皇帝忽必烈和他的祖先成吉思汗、清代大贪官和珅、明代大太监刘瑾、中华民国金融家宋子文,以及十三行的伍秉鉴,他在50人里位居第六。

有学者分析说,这6个中国人中,唯独伍秉鉴是一个纯粹的商人,唯有他的财富是纯粹的商业财富。

"浩官究竟有多少财产,是大家常常谈论的话题,"当年与伍秉鉴常来常往的美国人亨特说,"但有一次,因提到他在稻田、房产、店铺、钱庄,以及

怡和行的伍浩官

在美国、英国船上的货物等各种各样的投资,在1834年,他计算一下,共约值2 600万元。当时的购买力约等于现在的两倍,以现在的钱币来说,他拥有5 200万元。"[4]

位于广州河南的伍家花园

2 600 万元是西方的银元。如果换算成中国纹银,伍氏家族的财产是 1 872 万两。要知道,当时清政府年财政收入才 4 000 万两,前者几乎是后者的一半。

而第三代的潘启官潘正炜家族所拥有的财产,据说也有 2 000 万元,合纹银 1 440 万两。

西方人对行商财富最直接、最强烈的感受就是他们的家园。能够接受行商的邀请,到他们的家园拜访或赴宴,被西方人视为乐事和荣耀。

十三行区域是行商的办公地点,他们的家园在近郊。像潘启官家和伍浩官家在河南(流经广州闹市的珠江以南被广州人称为河南)。

美国传教士裨治文说:"广州少数的一些最富有的人,他们的房子除了占地不及皇宫大之外,各方面都丝毫不比皇宫逊色。那些由政府批准与外国人做生意的商人中,有些人的宅邸就堪称这类房子的样

"粤商文化"丛书

漫话十三行

位于广州河南的潘家花园

板。……现任总商的宅邸也极尽恢宏华丽。'这是一座别墅,或者不如说是一座宫殿,分成若干套住宅,装修精美而高雅'。"[5]这里的总商指的是伍秉鉴和他的儿子伍绍荣。

不说潘氏、伍氏这样的巨头了,即便是一般行商,也让西方人咋舌。美国大班山茂召访问过源泉行的陈姓行商,也让他大开眼界:"陈家的花园很大;为了把它点缀得有乡村风气，花了不少的工夫，一些景物对自然的摹拟还殊为不恶。树丛、湖石、假山还有瀑布都恰到好处地点缀于其中，观者颇有柳暗花明之叹。""陈源泉说他的宅院花了十万两银子。"[6]

在 1776 年（乾隆四十一年）英国东印度公司的记录中，源泉行在 7 个行号中名列第五。但这个财力有限的陈源泉竟然耗费 10 万两去营造自家的安乐窝。

美国人亨特还注意到一些生活细节，比如潘启官经常戴着一个上等的纯玉手镯和一枚玉扳指。潘启官告诉亨特，玉手镯 7 000 元买下来的，玉扳指是 2 000 元。两件玉器都呈澄澈的绿色，内里又含有一片深一些的像在里面流动似的绿色。

鸦片战争前，英国在华最大的商行查顿洋行，英文行名"Jardine, Matheson and Company"，中文行名则直接用了伍家的行名"怡和洋行"。

香港大名鼎鼎的汇丰银行里曾长年挂着伍浩官的巨幅画像，是英国画家钱纳利 1830 年（道光十年）的作品。1831 年（道光十一年）1 月 30 日，钱纳利将这幅画带回英国，参加过英国皇家美术学院的展览。值得特别说明的是，钱纳利画这幅油画不是画中人伍浩官所请，而是应英国东印度公司大班普顿所求而画的。

十三行商，是那时世界上最惹人瞩目的一个商人群体。

美国商人、美国驻广州领事山茂召

漫话十三行

[1]多林.美国和中国最初的相遇:航海时代奇异的中美关系史[M].朱颖,译.北京:社会科学文献出版社,2014:256.

[2]埃利斯.阿美士德使团出使中国日志[M].刘天路,等译.北京:商务印书馆,2013:286.

[3]黑尼斯三世,萨奈罗.鸦片战争[M].周辉荣,译.杨立新,校.北京:生活·读书·新知三联书店,2005:45.

[4]亨特.广州番鬼录;旧中国杂记[M].冯树铁,沈正邦,译.章文钦,骆幼玲,校.广州:广东人民出版社,2009:56.

[5]龙思泰.早期澳门史[M].吴义雄,郭德焱,沈正邦,译.章文钦,校注.北京:东方出版社,1997:268.

[6]周湘.广州外洋行商人[M].广州:广东人民出版社,2002:104.

第六章
这里独有的荒唐

"粤商文化"丛书

漫话十三行

"一口通商"时期,十三行有一个让世人匪夷所思的古怪:商人要当外交官。

顾名思义,商人就是从事商品买卖的人。但倚着朝廷恩赐的特权,十三行商人赚了大钱,朝廷怎能便宜了他们?他们还得挑起中国外交的担子。就是说,十三行商人一手办外贸,一手办外交。

这真是一种独有的荒唐。

一、这里成了外交部

外交,即与外国的交往,是一个国家在国际关系方面的活动。中国古来一直有外交,但古代的中国有一个长久的固有的观念,那就是天朝观念。

中华帝国凭着悠久灿烂的历史与文化,长期以来领先于东方各国,因此,中国人认为自己是天下之中央,中国政府是天朝,而外国人都是未开化的"蛮夷","蛮夷之邦"都是附属于中国的藩国。"但这并不意味着中国人就会对外国人关上大门,事实上,他们很欢迎并且鼓励这种往来。但接触的条件是接受中国独特论的大背景。换言之,'蛮夷们'得知道自己在文明体系中的地位,很明显,他们的地位远低于中国人。"[1] 这是美国历史学家多林的评论。

在地理大发现之后,被视为"地位远低于中国人"的西方人纷纷涌来中国,他们要打开中国的大门,他们要开辟中国的市场,他们要争夺中国的利益。

前来广州的外国商船

这么多的西方人,这么多的西方事,按理说,中国首都早该有一个外交部。但中国皇帝斩钉截铁地说,不!西方的人,只能到广州,西方的事,也要到广州。个别西方人,个别西方事,实在有必要,由广州上报朝廷,经仔细斟酌后才允许到京城。

广州成了中国的"外交部",主事的是粤海关监督、两广总督和广东巡抚。

第六章 这里独有的荒唐

"粤商文化"丛书

漫话十三行

清政府的总理各国事务衙门

　　直到第二次鸦片战争后的1861年（咸丰十年），朝廷才在北京设立了主管外交事务的"总理各国事务衙门"，清政府的外交事权这才移交到总理衙门。1901年（光绪二十七年），总理各国事务衙门改组，称为"外务部"。

　　1877年（光绪三年）1月21日，中国第一个派驻英国的钦差大臣，也是中国第一个派驻外国的大使郭嵩焘抵达伦敦。这是一件具有历史意义的事情。

这第一个，朝廷派出的必定是一位熟悉洋务的官员。这位熟悉洋务的官员为什么是郭嵩焘？

郭嵩焘是湖南人，当时的湖南没有什么洋务，也就没有多少条件让他熟悉洋务。机会来临于 1863 年（同治二年）10 月 23 日，郭嵩焘到广州走马上任广东巡抚，第一次有了直接办理洋务的机会。这成了他的一个重要的人生关节点。

在广州，他要接触许多西方的人，处理有关西方的事，加上他的勤奋与智慧，他成了晚清有名的通晓洋务的高级干部。他摊上了中国外交史上这么重要的第一个，绝非偶然。

这还是在"一口通商"结束之后 35 年的事，更何况在"一口通商"期间。

但是——这个"但是"很重要——官员不准与外国人打交道，曾经是大清国法的规定，叫作"人臣无外交"。

天朝的朝廷命官要是与"蛮夷"搅和在一起，等于降低了国格，天朝还怎么于四海之内高高在上，天朝皇帝还怎么统抚四夷？

1804 年（嘉庆九年），两广总督倭什布在一份奏折中报告皇帝，他拒绝了英国东印度公司大班送来的书信和礼物，并且严厉警告英国人："天朝国法森严，大臣、官员不准与番国交接。"[2]

嘉庆做了回复，用"所办甚是"来充分肯定倭什布的政治正确："业据倭什布等以天朝法制，大臣、官员不准与外番交接，谕令毋庸呈出，带回本国等语，所办甚是。"[3]

郭嵩焘

第六章　这里独有的荒唐

"粤商文化"丛书

漫话十三行

国法既然森严,那就是一条高压线,绝对碰不得。

下面是"森严"的一例。

到了1812年(嘉庆十七年),朝廷的一品大员松筠收到了英国东印度公司的一封信,内容很简单,不过是祝贺他荣任两广总督。

尽管此信无关国家机密,尽管松筠是皇帝的爱卿,但由于这算是交接了番国,等于触动了那条"高压线"。只可怜了松筠,再三向皇帝解释他的无辜,好不容易才撇清与英国人的关系。

这封信的送信人是英国东印度公司广州商馆的李耀。李耀,广州人,在商馆当翻译,人们叫他阿耀。英国人让他把信送到了北京。

松筠最后总算平安过关,送信的阿耀却下了大狱。大祸临头的阿耀选择自杀,但没能死成。办理一个不起眼的蚁民的案子,居然出动广东

外国人与中国人

外国人(右)都是比中国人(左)低贱的"蛮夷",这幅图反映了中国人的传统观念。

地方政府全部高级官员——两广总督、广东巡抚、广东布政使和按察使一同会审。最后的判决异常严厉:充军伊犁。

英国公司是肇事者,公司大班小斯当东认为,阿耀"唯一罪过是他受雇于英国人,而另一更严重的罪行,就是充当作为开始直接与北京通讯的居间人"[4]。公司一再向广东官员交涉阿耀之事未果,最后拿出5 000元钱作为阿耀和他家人的生活费,以此聊做补偿。

广东官员接见英国访华使团（约1794年　传为中国画家史贝霖所绘）

有一幅油画，相传是广州画家史贝霖所作，画的是1793年（乾隆五十八年）广东长官在官衙里接见英国马戛尔尼访华使团的情景。这一回，中国官员为何又能"与番国交接"了呢？这一回是皇上有特别的旨意，要求各地官员好好接待英国使团，好好展现大清的大国风貌。因此从南至北，使团所到之处的官员们都极尽所能地"与番国交接"。但这只是一个特例。

为什么要如此"森严"规定？因为中国是"天朝"。天朝并不在天上，天，表示至高无上。中国是"一览众山小"的国上之国，中国皇帝是无人比肩的王上之王。除了中国，所有国家都是中国的藩属，所有人等都是中国皇帝的臣民。"蛮夷"是近乎禽兽的人，是中国人之下的人。

如此尊贵的国度，如此尊贵的朝廷，如此尊贵的命官，怎可与等而下之的"蛮夷"交接？这是关系到国体的政治问题、原则问题。

可这样一来又带出另一个疑惑：不是说"外交部"在广州吗？主事

第六章　这里独有的荒唐

"粤商文化"丛书

漫话十三行

《士农工商》年画

清末光绪年间的年画《士农工商》：在棚子中卖珠宝的是商人，画面右侧是担着锄头和挑着麦子的农夫，中间是读书的士人，左侧手捧绢的妇女表示织布女工。

的不是粤海关和广东官府吗？不同"蛮夷"打交道，如何办外交呢？

这有何难？广州有十三行呢。

在中国人的各阶层中，士农工商，由高到低，商人再有钱也是最低贱的。让低贱的商人同低贱的"蛮夷"交接再合适不过了。于是，清政府出台了保商制度，这就是极富中国特色的"外商—行商—官吏"体系。

外商面对行商，行商再面对官府；反过来说，官府管控行商，行商管控外商。

历史学家吴晗说："于是这些一向被人看不起的商人，便一跃而为中外交涉的中间人。负着对'外人'的种种责任。"[5]

这就是与"一口通商"相随相伴的保商制度——中国独有的保商制度。

这可谓一种成功的制度。

有了它，除了保商，其他的中国人休想接近西方人，中国官府有效地隔绝了中外民众之间的接触。

有了它，中国官府将一切风险和一切麻烦全都推给了保商，自己只管跷着二郎腿收税银就是了。

清政府是逼着公鸡下蛋，十三行商人是被逼着下蛋的公鸡。

---

[1]多林.美国和中国最初的相遇：航海时代奇异的中美关系史[M].朱颖，译.北京：社会科学文献出版社，2014：30.

[2][3]梁廷枏.粤海关志：校注本[M].广州：广东人民出版社，2002：460.

[4]马士.东印度公司对华贸易编年史：1635—1834年　第三卷[M].区宗华，译.林树惠，校.章文钦，校注.广州：广东人民出版社，2016：248.

[5]梁嘉彬.广东十三行考[M].广州：广东人民出版社，1999：407.

二、逼着公鸡下蛋

逼着公鸡下蛋是荒唐的。我们来围观这种荒唐。

关于保商制度的具体内容，中国社会科学院历史研究所研究员吴伯娅有这样的归纳："乾隆十年（1745），为加强对外商的管理，清政府在原有的行商制度上建立保商制，用类似保甲制的方法逐层担保，把对外贸易的垄断商人联成一个层层相制、利益与共的整体，负责收缴税捐，保证外商和船员循规守法，不得生事，最终达到以官制商、以商制夷的目的。其具体做法是，外国商船进口之后，须有一名行商作保，外商和船员的一切行为，都要保商负责；外商交纳税款，也要由保商担保。所有进出口货物，其价格由保商确定，然后让各行商分领销售。这个制度的实行，使外商的行动大受限制。因此，他们不断提出改革的要求。"[1]

保商的关键就在一个"保"字上。

由于有了这个制度，外国商船一到黄埔，头一件事就是在十三行中找一个保商，愿意承揽这条外船的保商。一旦确定，这个保商就要承担起有关这条船的"种种责任"。

漫话十三行

外国商船在黄埔港

美国著名学者马士解释过这个"种种"：保商"要对外商、他们的船和他们的水手的一切行为负完全责任，从买一篮水果直到一件谋杀案"[2]。

外国人若没有保商，那在广州口岸就动弹不得。

至于由哪个行商保那些外国人，一般由他们双方自行选择。比如美国人就常找伍浩官。亨特曾经说过："我的保商是浩官，他当然还是其他人的保商。由于这种关系，我们戏称他们为'我们的假教父'。"[3]

马士说的"一切"，包含的内容实在是太多了。

先说日常的规定动作——

外国商船进广州，要卖出外国进口货，买进中国出口货。外国进口货卖不卖得出，中国出口货买不买得到，官府是不管的，官府要管的是税收。进口货、出口货都要收税，另外还要收"船钞"与"规礼"，相当于吨位税和港口服务费。官府不直接向外商收，而是由保商代为收缴。

西方人来广州，分住在两地：船上的水手们随船留在黄埔，做生意的商人入住十三行的商馆。这两头，十三行保商都要负责照管他们的生活，监督他们的行动。像十三行商馆雇用的买办、看银师、仆役、苦力、厨子、船夫等，所有人都由保商替他们代雇，并保证所有人不出问题。

西方人总要和广东官府打交道的，那就打报告写申请，当时叫"禀帖"。所有的禀帖交给行商，由行商呈递官府。反之，所有的官方指示或文件，也都由行商传达给西方人。

也就是说，外国人不按时交税或交不上税，外国人违规犯法，官府都只管唯行商是问。

这只是平日里的"规定动作"，还有非常规的事务，大大小小，杂七杂八，烦不胜烦——

例如1793年（乾隆五十八年），英国政府派出以马戛尔尼为特使的访华使团。英国请求访华的正式书信，是英国东印度公司位于伦敦的总部下令，由十三行的英国公司商馆交给广州行商蔡世文，蔡世文交给两广总督郭世勋，郭世勋再报北京朝廷。反过来也一样，中国皇帝批准英国使团访华的上谕也是由行商转给英国公司的。

马戛尔尼使团访华，最后从广州启程回国。在广州期间，下榻的不是官方的接待处，而是行商的家院。

英国特使马戛尔尼

第六章　这里独有的荒唐　　141

"粤商文化"丛书

漫话十三行

1819年（嘉庆二十四年）11月6日，广东官府收到消息，说一艘叫"国会"号的美国军舰到了澳门。这是第一艘作为美国国家船只驾临中国，而且还是一艘兵船。两广总督高度警惕，立即通知粤海关监督，粤海关监督也马上下谕令，美国兵船不准进入珠江口。下达给美国人的谕令不是交给美国军舰而是交给中国行商，由行商去解决这个麻烦。

1781年（乾隆四十六年），有两艘英船到了广州，卸下进口货后便空船回航了。谁知这两艘船竟去了澳门。原来英国人不是不想要中国出口商品，而是想逃税。它另外托了人私运中国出口货在澳门装上船。这事让粤海关捉住了，海关监督李质颖大怒，下了一道严厉的谕令："各国夷船俱被澳夷勾引，至澳交易，大关竟成虚设，国课必致大亏。"道理说得很对，但粤海关惩罚的不是英国人，处理的决定竟然是"将该船出口税银着落保商赔缴"[4]。

澳门虽由葡萄牙人租借，但也是西方人的共同居留地。住澳门的西方

清代的澳门

人不可以随意来往澳门与广州，广东官府有公文："查住澳夷人上省，向由洋商禀明，本关给发批照传单，俟澳门口验税，将随带什物填注关票放行，所以杜夷人私行出入之弊，立法极为周密。"公文中的"洋商"就是指十三行商人。1810 年（嘉庆十五年）10 月，官府发现两个英国人私自乘小船往广州，于是马上"严饬各洋商查明该夷因何不候批照传单，径自擅行出口，现在曾还到省，居寓何行屋内，有无携带违禁什物件"[5]。

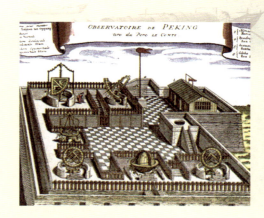

朝廷的钦天监经常雇用西洋人

虽说那时的西方人集中在广州口岸，但朝廷也需要个别西方人进京效力，如医生、画家、翻译等。这些进京的西方人，由广州的行商遴选并送京。

乾隆三十四年（1769），两广总督李侍尧奏报皇上："据洋行商人潘同文等禀称：'有弗兰哂（法兰西）国夷人严守志，年三十六岁，习学天文；梁栋才，年三十二岁，习天文兼晓音律，于乾隆三十三年附搭该国夷商喊唎船到广，情愿赴京效力，恳请代奏。'"[6]乾隆皇帝挺满意，朱批"准到京"。

1830 年（道光十年），两名英国水手在华东海岸被官府捉住。那时，英国开发澳大利亚，将一批批犯人送去澳大利亚服劳役。这两个英国人是从悉尼逃出来的，不知怎的到了华东。华东海岸哪是让西方人待的地方，何况是来历不明的西方人。那边的官府把他们押解来广州交给广东官府，广东官府一转手就交给行商。他们被禁闭在行商公所里几个月，行商们得管吃管穿管住……

如此种种，虽说麻烦，但还算平静。可是，西方人也好，中国官府也好，总是让十三行地面难得平静。

换上了中国服饰的汤若望
德国传教士汤若望最早逗留广州口岸，之后北上，服务于明清两朝的钦天监。

第六章 这里独有的荒唐　143

"粤商文化"丛书

漫话十三行

[1] 赵春晨，冷东. 广州十三行与清代中外关系 [M]. 广州：世界图书出版广东有限公司，2012：366.

[2] 马士. 中华帝国对外关系史 [M]. 张汇文，姚曾廙，杨志信，等译. 上海：上海书店出版社，2000：84.

[3] 亨特. 广州番鬼录：旧中国杂记 [M]. 冯树铁，沈正邦译. 章文钦，骆幼玲，校. 广州：广东人民出版社，2009：46.

[4] 刘芳. 葡萄牙东波塔档案馆藏：清代澳门中文档案汇编 下册 [M]. 章文钦，校. 澳门：澳门基金会，1999：753.

[5] 刘芳. 葡萄牙东波塔档案馆藏：清代澳门中文档案汇编 下册 [M]. 章文钦，校. 澳门：澳门基金会，1999：734.

[6] 潘刚儿，黄启臣，陈国栋. 广州十三行之一：潘同文（孚）行 [M]. 广州：华南理工大学出版社，2006：81.

三、"钻风箱"的感受

中国人对两头受气的感受比喻是"老鼠钻风箱"。承当保商的十三行商人就是钻风箱的老鼠。因为风箱一头的西方人是强悍的，风箱另一头的中国官府是蛮横的，在强悍的和蛮横的两个强者之间做中介的商人，显然是一个弱者。

对西方人来说，代表中国官府的保商实际上不能又不敢代表中国官府；而对中国官府来说，承保西方人的保商又没有对西方人的实际约束能力和制约能力。

他们本来就只是一个商人。

在1807年（嘉庆十二年）的"海王星"号事件中，广利行的卢观恒被那两头狠狠地逼着钻了回风箱。

这一年的阳历2月底，眼看着北风将收，贸易季

行商肖像

将尽,仍停泊在黄埔港的外国船只日赶夜忙地运货装船,纷纷准备起帆回程。24日,英国商船"海王星"号的几个水手在十三行码头与广州市民因事争执进而斗殴,一个叫廖亚登的中国人重伤身亡。

卢观恒正是"海王星"号的保商。一听说出了命案,他知道,祸事来了。

首先是广东官府这一头,他们不直接去找英国人,而是扣押了卢观恒,责成他缉拿凶手。

英国人那一头,英国大班在广州是江湖老油子了,当然知道在中国杀人是要偿命的,所以不肯交出凶手。

粤海关监督一声令下:停止贸易。英国东印度公司的货物装运全部停止。

贸易季结束前是整个贸易季最忙碌的时候,英国人还嫌一天24小时不够用呢。这一停不是要了命吗?英国人不能见官府,他们向官府的代表也就是他们的保商强烈抗争。

卢观恒急得如热锅上的蚂蚁。

对官府这一头,他做足了功夫,自己掏腰包拿出2万两银子悬赏捉拿凶手,再拿一笔钱打点大大小小的官员,请求官府先为"海王星"号以外的其他英国船只解禁。至于"海王星"号,他保证,捉不到凶手绝不会让它离开广州。

英国人那一头,在他的劝说下也做出姿态来,愿意在十三行的英国商馆临时设公堂,审讯闹事的英国水手。

轰动了十三行的那场审讯,在中国人、外国人的密切关注中开锣了。中国官员主审,英国头目和行商陪审。上堂的11个英国水手,没一个认账的。

中国官员吹胡子瞪眼睛,又把气撒在卢观恒身上。他们对卢观恒严刑拷打,倍加羞辱,卢观恒能做的只有继续撒银子。

事情总得有个结局,才能向上有个交代。广东官府最后草草收场:在英国水手中认定一个,将此次事故以廖亚登聚殴丧命定性,对凶手罚款12.42两,之后释放回国。

广利行在"海王星"号事件中元气大伤。英国人不无同情:"茂官为了解决这一次

第六章 这里独有的荒唐

漫话十三行

法庭外景（1807年　传为广州画家史贝霖所绘）
"海王星"号事件的审判在十三行举行，图为临时法庭外景：法庭大门上饰有彩带，门外有持枪的英国士兵和扛旗提锣的中国衙役，街上有乘轿前往法庭的官员，还有众多看热闹的民众。

的案件，他所贡献出来的甚巨，因此，他已耗尽了他的财富。"[1]

"钻风箱"的悲凉与委屈，行商们从来只有逆来顺受的份儿。

中国政府严禁洋人学习中文，使用汉字。曾经有英国公司大班呈给广东官府的禀帖用的是汉字，官府不但斥责英国大班，同时把行商臭骂一通：你们怎能假装不知道，就希图置身事外？

还有那些万恶的鸦片。

与外国人关系最密切的行商清楚地知道，不但英国人猖狂贩烟，美国人也猖狂贩烟。贩烟的具体步骤和细节，行商们也耳熟能详。但这不是行商可以改变的现状。

外销画（1800—1805年 广州画家绘制）

河面上是一条广东海关巡查快速艇，用于守卫、巡查和防范走私，桅杆旗帜上书"奉宪巡查"，船头站着一个戴官帽、穿红色官服的官员，船尾竖有两盏灯笼；左侧岸上疑为海关的一个检查关口，还设有一座高高的瞭望台，有可能做检查过往船舶之用。

朝廷禁烟，官府禁烟，那都是写在纸上的禁令，算不得数的。认认真真禁烟的官员寥若晨星。鸦片禁而不止，根本原因恰恰在于各级官员的纵容。

英国学者格林堡指出："贪污风气已经达到如此程度，以致运送鸦片的'走私船'常常就是那些负有缉私职务的官船。同样，每年由广州到北京装着呈献皇帝的贡品的贡船也成了运送鸦片到北方各省的一个得力的工具。"[2]

马克思更是尖锐地批评清王朝："帝国当局、海关人员和所有的官吏都被英国人弄得道德堕落。侵蚀到天朝官僚体系之心脏、摧毁了宗法制度之堡垒的腐败作风，就是同鸦片烟箱一起从停泊在黄埔的英国趸船上被偷偷带进这个帝国的。"[3]

官府是如此地强势，弱小的行商要是挺身而出英勇斗争，只能是拿鸡蛋去砸石头。行商们虽然也有参与贩烟，但介入不深。他们年年做着如此大宗的生意，穿着朝廷的顶戴，为了贩卖鸦片铤而走险，这笔账实在不划算。再说，贩烟是官府再好不过的罚银借口，虽然大官小吏们暗中贩烟，但不

第六章　这里独有的荒唐

"粤商文化"丛书

漫话十三行

妨碍他们日夜算计如何找碴儿,好从行商身上刮油,鸡蛋里还想挑出骨头呢。十三行商人可不犯那个傻。

英国东印度公司有这样的记录:"显然行商由于在鸦片贸易中无何种利益,将用各种可能的方法阻止它运入黄埔。"[4]"没有一位广州的行商是与鸦片有关的——各人是'不论在什么方式下,都不愿意利用他的名字去做这件事'。"[5]

左也是难,右也是难,行商们的选择是视而不见、明哲保身。

保商制度不允许他们明哲保身,他们担着外国人的干系。至少,他们的日常工作就是担保外国商船,而许多外国商船是夹带有鸦片的。

1817年(嘉庆二十二年)5月,美国商船"沃巴什"号被中国海盗袭击,船上多名船员被杀死,货物被劫走。这桩命案很快被侦破,10个海盗被处死。可是又惹起另一场风波:中国官员发现美国船上有35箱鸦片。担保"沃巴什"号的行商一时被推至台前,里外不是人。这位保商被罚款30万元,广东巡抚还责令他去要求驻广州的美国领事写信给美国总统,严正申明中国政府禁烟立场。

广东沿海的一个战斗场面,清朝官兵登陆剿灭海盗

在长期的磨炼中，十三行商人也练就了一套两头讨好的狡黠方式。

1798年（嘉庆三年）10月31日，一名英国海军司令写了一封信给两广总督，请求准许在广州修理他的军舰。外国信件照例要通过行商转交中国官员。

一接到信，行商吓坏了，因为信的抬头只有总督而没有粤海关监督，粤海关监督是可以没有的吗？行商马上要英国人加上，但英国人坚决不干。

没想到几天后，有两个中国官员分别代表两广总督和粤海关监督前来见英国人，答复了英国海军司令的请求。

"我们没有向粤海关请求这事儿啊，"英国人挠挠脑袋，"哦，明白了——"依照惯例，外国人呈交官府的公文都要翻译成中文，这个翻译工作是由行商找人完成的，肯定是他们在中文译文中抬头加上了粤海关监督。

但保商的小智慧抵不过官府的大拳头。

十三行的外国商馆都是坐北朝南面向珠江（啉呱绘于约1835年）

1833年（道光十三年），年仅33岁的怡和行行商伍受昌去世，年过花甲的老父亲，怡和行真正的掌门人伍秉鉴，忍受着白发人送黑发人的悲痛。很难说伍受昌的英年早逝不是因为两年前的那桩事情：英国商馆面临珠江，英国人想在江边搭建码头，这事得由保商出面疏通。巡抚朱桂桢一听大怒，扬言要杀了伍受

第六章　这里独有的荒唐　　149

"粤商文化"丛书

漫话十三行

昌。伍受昌吓得瘫倒在地上长跪了一小时,好在粤海关监督在一旁说情,他才算逃过一劫。如此大惊大辱,伍受昌的身心所伤可想而知。

无论十三行商人怎样取巧,"外商—行商—官吏"的保商体制,决定了行商必定要像钻风箱的老鼠一样惶惶不可终日。

---

[1] 马士.东印度公司对华贸易编年史:1635—1834年 第三卷[M].区宗华,译.林树惠,校.章文钦,校注.广州:广东人民出版社,2016:53.

[2] 格林堡.鸦片战争前中英通商史[M].康成,译.北京:商务印书馆,1961:102.

[3] 中共中央马克思恩格斯列宁斯大林著作编译局.马克思恩格斯论中国[M].北京:人民出版社,1993:63.

[4] 马士.东印度公司对华贸易编年史:1635—1834年 第四卷[M].区宗华,译.林树惠,校.章文钦,校注.广州:广东人民出版社,2016:46.

[5] 马士.东印度公司对华贸易编年史:1635—1834年 第二卷[M].区宗华,译.林树惠,校.章文钦,校注.广州:广东人民出版社,2016:91.

四、黑云压城城欲摧

鸦片战争前后的那几年,是十三行商人最难熬的日子。中英冲突剑拔弩张,珠江两岸黑云压城。导火索是鸦片。

1839年(道光十九年),道光皇帝下决心禁烟了。

鸦片为害中国,禁止中国人吸食鸦片,中国朝廷义正词严。在道光皇帝面前,义正词严的湖广总督林则徐,目光所及,是广东,是中国。

林则徐销烟

这年年初，钦差大臣在广州天字码头上岸。广州官民和外国人都知道，林钦差此次身负的皇命就是禁烟。

到了广州的林则徐才明白，鸦片后面站着的英国人才是关键所在。

禁不了英国人的烟就禁不了中国人的烟。要治英国人，就得先治担保英国人的十三行商人。痛恨鸦片的林则徐痛恨贩烟的英国人，也痛恨与英国人搅在一起的十三行商人。

伍浩官、卢茂官等人被召到林则徐处，林大人对这些商人劈头盖脸一顿痛斥。

是啊，洋人在十三行住的外国商馆都是你们行商的私产，你们与洋人过往甚密，还是洋人的保商，"从买一篮水果直到一件谋杀案"，英国人贩烟如此猖狂，你们保商如何不知？

鉴于以往诸多官员对朝廷法令的阳奉阴违、贪污无度，禁烟不过是雷声大、雨点小，行商依惯例打算用金钱消灾。相传，伍浩官提出捐出自家的钱财，林则徐愤怒了："我不要钱，我要你的脑袋！"

颠地是英国的大鸦片烟贩，林则徐点了名要传讯他。谁去传话呢？自然是行商。为了施加压力，小浩官伍崇曜被投入大狱，老浩官伍秉鉴和茂官被摘去顶戴，戴着锁链前往颠地的宝顺行，传令并催促颠地进城。

颠地拒不从命，浩官和茂官恐惧地哀求英国人，如果颠地先生不服从钦差大臣的命令，他们都会掉脑袋。

最终，林则徐如愿以偿，在虎门销毁了收缴上来的大量鸦片。

颠地像

第六章 这里独有的荒唐 151

"粤商文化"丛书

漫话十三行

英国人借机挑起战事,毫无准备的清朝政府频频失利。

道光皇帝乱了方寸,拿禁烟的林则徐做替罪羊。林则徐被流放去了伊犁,赴广东的钦差大臣换成了直隶总督琦善。

琦善要和英军头子义律谈判。要解决华夷之间的纠纷,中国官方又动用老办法——让十三行商人上场。伍秉鉴和伍崇曜父子俩协助中国钦差与英方交涉。

英国人要广州赔偿 600 万元作为赎城费,中国官方答应了英国人,但一转身,这笔债务就不由分说地全部交给了十三行商人。国难当头,沐浴皇恩的行商不该担责任吗?首批付款 200 万,伍氏怡和行出 110 万元,其他行商分摊 90 万元。

1842 年(道光二十二年)8 月,英国打到南京,中国彻底战败,道光皇帝的全权代表要同英国人议降。

西方"蛮夷"历来为朝廷大员所不屑,更为朝廷大员所不齿,如今还要与其签订城下之盟,耻辱和难堪中的钦差大臣耆英和伊里布着实犯难,他们对夷情夷务几乎一窍不通,怎样才能对来犯者"晓以大义,喻以利害,一时难得差往说话之人"[1]。

广州!十三行!那里有最熟悉英国人的商人!

中国全权代表耆英和伊里布飞快地上奏皇帝:"奴才等稔知广东洋商伍敦元一家,素为英夷所亲信","已飞咨两广总督、粤海关监督,饬调伍敦元前来。倘该商不能分身,于该商兄弟子侄内,择其明干能事者一二人,务令星速来苏,以便差遣"[2]。

耆英和伊里布是在 7 月 9 日拜发的奏折。7 月 19

耆英像

日，两广总督和粤海关监督便接到南京来的公文。他们立即指派伍秉鉴等人。年过古稀的伍秉鉴实在难以承受长途劳顿，于是请求两广总督让儿子伍崇曜代他前往江苏，听从差遣。老谋深算的伍秉鉴知道如此国家大事，责任非同小可，于是又以伍崇曜年轻，恐难得力，请求再派人协同前往。两广总督又物色了同顺行行商的兄长吴天显（又名吴健彰）协同伍崇曜。

7月25日，伍、吴二人急急启程赶赴南京。虽说是出公差，一路上的花费还得伍崇曜和吴天显自己掏腰包。只是还没赶到南京，《南京条约》已经签下来了。

仅仅十几年后，中英之间的第二次鸦片战争又在珠江口打响，又是一场风暴席卷广州。

1857年（咸丰七年）12月29日，广州城被英军攻陷，中国人又要同英国人议降了。尽管《南京条约》签订后，随着行商特权

以伍崇曜为首的行商与巴夏礼会面

漫话十三行

的取消,保商制度也就不了了之;但长期形成的惯性难改,广东官员们又逼着十三行商人上阵了,怡和行首当其冲。怡和行的伍秉鉴早已去世,伍崇曜和天宝行的梁纶枢等硬着头皮去哀求英国侵略者。伍崇曜还被巴夏礼狠狠地抽了嘴巴。目击者形容伍崇曜"神色仓皇,畏巴如虎,实在可怜"[3]。

巴夏礼,一个在十三行练就的中国通,英国驻广州领事,第二次鸦片战争的肇事者。

风暴中的伍崇曜,其身也苦,其心也苦。

风暴中的十三行商人,其身也苦,其心也苦。

巴夏礼像

---

[1] 章文钦.广东十三行与早期中西关系[M].广州:广东经济出版社,2009:63.

[2] 章文钦.广东十三行与早期中西关系[M].广州:广东经济出版社,2009:63.

[3] 梁嘉彬.广东十三行考[M].广州:广东人民出版社,1999:401.

第七章
官与商的博弈

"粤商文化"丛书

漫话十三行

十三行是当时中国对外贸易最大的商场,这个大商场同时也是大官场。

广州口岸牢牢地掌握在官家的手心里。

广州口岸的大商人都是品级不等的大大小小的官。

官与商,紧紧地勾连。

官与商,暗暗地博弈。

一、西方人眼中的河泊

先说广州口岸的官。

中国政府有明确规定:"各国夷商来粤贸易,统归粤海关衙门经管。"[1]广州口岸的对外贸易,最重要的官是粤海关监督,最有广州特色的也是粤海关监督。与中国商人、外国商人打交道最多的正是粤海关监督以及属下的官吏们。

美国传教士裨治文在介绍广州时曾这样说:"外国人对这个官职是熟悉的。他们通常称之为'广州港大河泊'。"[2]

广州港大河泊,英文原文是 the Grand Hoppo of the Port of Canton。其中的 Hoppo,又译为河泊、户部,是西方人对粤海关官员的称呼。之所以将海关监督称为"大"河泊,是相对于海关下级官员而言的。

铸币

光绪年间的铸币，正面刻有汉字"户部"，背面刻有拉丁字母"HU POO"，为户部的西文译音。

　　粤海关监督名义上由户部派出。朝廷的中央行政机构合称六部：吏部、户部、礼部、兵部、刑部、工部。户部主管全国的内政和财政，包括税收。可实际上，选派粤海关监督的是内务府，主管皇家事务的机关。在皇帝眼里，广州的外贸既是国事，也是他的家事，广州的税收既关系国库，也关系他的私库。

　　粤海关监督位高权重，威风八面，外国人难得一见。有一回，粤海关监督罕见地到英国商馆出席早餐会，英国东印度公司医生唐宁记录下当时的情景：

　　"这顿早餐按着英国时尚成为第一流的。'户部'坐在一把漂亮的椅子上，周围是随行为他服务的各色仆役。他60岁左右，是个老者，面相和善，唇上长着一些灰白胡须，下巴留着一小簇山羊胡，头戴漂亮的官员帽，上面的雄孔雀翎清楚可见……这个荣誉的标志是他的君主赏赐的，作为个人宠臣的象征，配以帽尖上的红宝石圆球，表明他在这个国家里占据高位……为了让他看清对面的番鬼们，也好让番鬼们目睹这位大人，一道小栏杆被固定放在桌子两边不远的地方，所有外国人都站在栏杆以外，面对着这位中国人，注视着他的和善面孔的每个变化。这位老者看了看桌上的好东西，那神情好像这桌宴席都是为他一个人准备的，没有人敢擅自落座……"[3]

第七章　官与商的博弈

"粤商文化"丛书

漫话十三行

马戛尔尼使团下榻的花园草图（［英国］威廉·亚历山大绘于1793年）

虽然大河泊难得一见，但外国人对历任的大河泊难得好印象。

1793年（乾隆五十八年），一个庞大的英国使团访问中国。到了北京，中国官方安排特使马戛尔尼下榻在海淀的一个园林式庭院里。使团的英国人是这样形容这个美丽的花园的：

"使节团在北京的馆舍宽阔华美，厅房甚多。"[4]使团副使斯当东说。

"特使在北京的住处有一个庭院，里边有一座像带篷的驳船样的房子。船体用石块造成，建在一个蓄满水的池子里。"这就是石舫了。庭院里"石块和种着矮树的花盆错落有致地排列着，某种程度上从小处表现了中国园林装饰的品位"[5]。使团的随团画家亚历山大说。

英国人如此细致地关注这个庭院，不仅是因为它的奢华，更重要的如斯当东所说："据说这个产业属于前任粤海关监督，他从对英贸易中贪污大宗款项修建这所住宅，以后调任北京附近，继续贪污，最后被处分抄家，产业没收归公。"[6]

另一个使团成员巴罗则听说，被委派接待英国使团的中国官员打算将马戛尔尼安排下榻在这个庭院，为此专门向乾隆皇帝请示时，乾隆的

外国商船上的丈量仪式（［瑞典］斯文·诺德奎斯特绘）
海关在外国商船上的丈量仪式：案桌后面端坐着主持仪式的粤海关官员，外国人恭敬地站在他身后，下属官吏们有的侍立，有的在丈量。

答复是："当然可以啦。那个国家对建造该府贡献良多，你怎么能够拒绝她的特使临时用一下呢？"由此，巴罗说："从这句话可以推断，清廷相当清楚广州当局对外国人的敲诈勒索。"[7]

英国人的话难免有自我吹嘘的成分，但对粤海关贪污枉法的憎恶，那是溢于言表。

这个前任的粤海关监督叫穆腾额。

除了"大河泊"，粤海关还有众多的"小河泊"。像主持丈量仪式，大河泊是不会亲自出马的，那是他下属的活计。

在粤海关的全部工作程序中，外国人印象最深的正是他们感觉最有中国特色的丈量。丈量是广州外贸活动中的一个隆重仪式，以此向外国人宣示中国的主权，彰显帝国的威严和恩泽。

外国商船进入黄埔港，在开舱前必须由粤海关上船丈量。在洋船上的前甲板正中摆好桌椅，海关官员才上洋船。上船后，海关官员径直走到正中

漫话十三行

的座椅上坐下,他的随从和外国船员们簇拥在他周围,他手下的胥役便用尺子进行丈量。从船前面桅杆的中心到后面桅杆中心的距离是长度,船中间桅杆后部的船舷两侧距离是宽度。长度与宽度相乘得出来的数值就是船的大小等级,根据大小等级计算船钞,相当于吨位税,是粤海关的关税之一。

丈量仪式是海关官员们敛财的好机会。

一个英国大班宣称:"他决定要在丈量船只之前,先要知道他们钱袋的长度。"[8]"他"指海关官员,"他们"指英国人。

这是英国人记录下的一次丈量:1689年(康熙二十八年),英国商船"防卫"号驶进广州黄埔港,粤海关照例前去丈量。粤海关与英国人之间"经过热烈的争执并给丈量手以贿赂,始获海关监督同意从前桅之后量到后桅之前,否则,就要从船头量到船尾,而付款更多"[9]。

从外国商船抵达中国海岸直至最后离开。在长达几个月的贸易期间,粤海关总能轻易地找到各种勒索的理由。比如,按照制度规定,凡是外国商船满载中国出口商品离港时必须经过粤海关的检查,确认交足了出口的货税,发予离港船牌,外国商船才能顺利返航。

1833年(道光十三年),就在英国东印度公司商船"信赖"号离港时,粤海关来找麻烦了。说帮"信赖"号运货的广州小艇送了几张毛纸画儿到船上,所以海关不发离港执照;除非"信赖"号拿钱消灾。数

粤海关签发的船牌

粤海关衙署

额嘛，2万元。英国人一听就火了，毛纸画儿在十三行满大街都有卖，拿这个理由卡人，不是光天化日里抢钱吗？英国人实在气不过，准备写信给两广总督投诉。一听说事情要捅到省领导那里，海关官吏才"高抬贵手"。

"对着宝顺馆和小溪馆的江边上，设有税馆，是粤海关的一个分支机构，他们的职责是防止走私，但他们的实际行动却是帮助生丝非法出口（或布匹非法入口），较官定税率低得多。说几句好话，同时送上一笔贿赂，就可以使'游鹰'艇通行无阻，不受巡船的检查，直达黄埔。"[10] 这是当年美国人对海关官员的鄙视。

在外国商人的口中和笔下，要想找出对大大小小"河泊"的正面描述和评价，真是不太容易了。

---

[1] 梁廷枏.粤海关志：校注本[M].广州：广东人民出版社，2002：558.

[2] 龙思泰.早期澳门史[M].吴义雄，郭德焱，沈正邦，译．章文钦，校注.北京：东方出版社，1997：274.

[3] 罗伯茨.十九世纪西方人眼中的中国[M].蒋重跃,刘林海,译.北京:中华书局,2006:10.

[4] 斯当东.英使谒见乾隆纪实[M].叶笃义,译.上海:上海书店出版社,2005:301.

[5] 刘潞、吴芳思.帝国掠影:英国访华使团画笔下的清代中国[M].北京:中国人民大学出版社,2006:107.

[6] 斯当东.英使谒见乾隆纪实[M].叶笃义,译.上海:上海书店出版社,2005:301.

[7] 巴罗.我看乾隆盛世[M].李国庆,欧阳少春,译.北京:北京图书馆出版社,2007:77.

[8] 马士.东印度公司对华贸易编年史:1635—1834年 第一卷[M].区宗华译.林树惠校.章文钦校注.广州:广东人民出版社,2016:87.

[9] 马士.东印度公司对华贸易编年史:1635—1834年 第一卷[M].区宗华译.林树惠校.章文钦校注.广州:广东人民出版社,2016:89.

[10] 亨特.广州番鬼录;旧中国杂记[M].冯树铁,沈正邦,译.章文钦,骆幼玲,校.广州:广东人民出版社,2009:36.

二、顶戴啊,顶戴

十三行商人热爱顶戴,就是清朝官员戴的官帽。

与官员热爱顶戴的动机不同,十三行商人热爱顶戴,更多的是为他们的商业王国保驾护航。顶戴分冬、夏两种——冬天戴的暖帽和夏天戴的凉帽。

冬天戴的暖帽

夏天戴的凉帽

中国商人的社会地位是低下的，尤其被官吏和文人瞧不起，无论赚了多少钱。

十三行的潘氏家族后人编纂有《番禺龙溪潘氏族谱》，族谱详细罗列了先人的官衔，不管是捐来的还是册封的。例如潘启官一世的诸多头衔："潘振承，候选兵马司正指挥，敕授承德郎，恩加三品顶戴，诰授通议大夫，覃恩诰赠资政大夫，敕赠文林郎，翰林院庶吉士加一级。"[1]

潘振承、潘有度、潘正炜这三位潘启官，人生最大的成就在商业，但在同一部族谱中，他们的商业活动却无迹可查。显然，潘氏后人在心底也认为商人不是一个光彩的职业，他们甚至不愿提起自己的先人是商人。

潘氏家族不是孤例。

天宝行梁经国的儿孙梁纶枢、梁纶焕、梁同新撰写回忆先人的论著，题目是《皇清诰授通奉大夫覃恩封儒林郎翰林院编修加一级显考左垣梁公府君行述》，里面同样郑重其事地强调，左垣梁公府君（梁经国）"以历次捐输故，由州同议叙盐课提举，加同知衔，复加运司衔，晋加知府衔，叠加道衔，由道衔加三级，请封诰授通奉大夫；捐输武陟大工，奉旨给帑建坊旌表"[2]。

先祖们誉满八方的商业盛名不值一提，先祖们头上的顶戴才是行商家族最大的荣耀。

十三行商人，直接受控于官府，受益于朝廷，对政治权力的依赖尤为严重。为了便于与官府打交道，为了便于代表中国官府与外国人打交道，十三行商人纷纷耗巨资捐官，就是花钱买顶戴。花钱的数额，与商业王国的规模，与顶戴的品级直接挂钩。

十三行中顶尖的潘启官和伍浩官，捐得的是三品顶戴。品级比广州知府（广州市长）还高。

不但自己捐得顶戴，阔气的行商通过花钱或其他方式还给自己家人讨得封赏。

像伍氏家族，伍秉鉴的妻子陈氏和伍崇曜的妻子许氏，都被晋为一品夫人，伍崇曜的儿子伍绍棠被钦赐为举人，加四品衔候选郎中……

一旦顶戴争到手，十三行商人爱之至深。

那时西方油画传入广州口岸。长于写实的油画是绘画肖像的最佳选择。在没有摄影技术的年代，许多十三行商人都会请画家为自己留下画像。不约而同的是，行商往往

第七章　官与商的博弈

漫话十三行

会选择官服与顶戴的一整套行头。广州著名画家啉呱为卢茂官画的肖像，身穿官袍的主人公虽然没戴顶戴，那顶戴也被庄重地、端正地摆放在身边的茶几上。

不管是考来的还是捐来的，顶戴都是一样的顶戴，一扣到脑袋上，行商们在同一级别以及这个级别以下的官员面前就不用下跪了。

这一来，十三行是官场，还是商场？分不清了，那情形真是"官与贾固无别也，贾与官亦复无别，无官不贾，且又无贾而不官。"[3]

十三行商人尊崇官场。

他们自家轿子上挂着的一对大灯笼的上面，除了写着主人的姓氏，还特别写着主人的官衔。

他们经常穿着那身官服，显摆他们"官"的身份。长期侨居广州的美国人亨特有一次去茂官处，"进门的时候，我发现他跟潘启官、小茂官以及公行的其他几个人坐在一起，都穿着官服长袍"[4]。

广利行卢茂官，卢观恒之子卢文锦
（广州画家啉呱绘于约1840年）

然而在古代中国，无论朝野，从来视科举为正途，学而优则仕，考出来的仕，考出来的官，才有实实在在的权力，才是人们心中真正的官。捐来的官只有虚名，没有实权。同样的顶戴，捐来的与考来的，含金量不可同日而语。

1807年（嘉庆十二年），广州发生了一桩外国人打死中国人的命案。广州官府审讯这个案子，审判官有广州知府、澳门同知、粤海关监督的代表、番禺县令和南海县令，潘启官、卢茂官、伍浩官和昆水官出

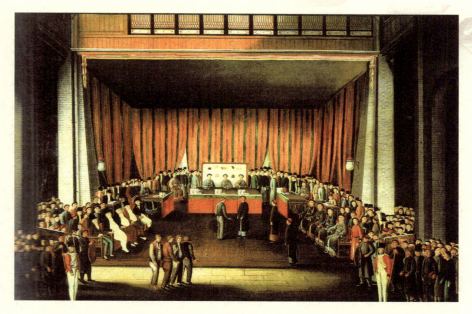

"海王星"号事件法庭（此画大约绘于1807年，画者传为广州画家史贝霖）

"海王星"号事件法庭设在十三行的商馆中，法庭正中三张铺有红色帘子的桌后坐着广东官员，参加陪审的四位十三行商人身穿官服坐在法庭右侧，五位英国商人则坐在左侧，前面最显眼处站着几个受审的英国水手，神情局促不安，两旁还有很多旁听的中外民众。

席并陪审。在这种庄重的场合，四位行商以全套的官服现身。虽然从他们的帽子和胸口的补子看，他们的品级要比审判官高，但连现场的英国人也在暗中瞧不起他们："审判官的职位是经考试并正式任命的，而行商的品衔是用钱，用很多钱买得来的。"[5]

再对比一下粤海关监督。

粤海关监督与十三行商人同为皇帝钦命，但他们的命运大不相同。

皇帝最先钦点粤海关监督，之后才钦点垄断外贸的十三行商人。

粤海关监督与皇帝是抱在一起的利益共同体，十三行商人只是朝廷敛财的奴仆。

粤海关监督是高贵的官，十三行商人是低贱的民。

第七章 官与商的博弈

"粤商文化"丛书

漫话十三行

清末的广东地方官员

粤海关是行商的顶头上司,十三行商人是粤海关的直接下属。

所以,虽然都是皇帝御笔钦定,但十三行商人清醒地知道天有多高,地有多厚。不管赚了多少钱,积了多少财,他们都是见官矮三分的商人。

当年在广州的英国人岱摩这样描绘十三行商人:"在海关监督面前——他们都是高级官员——行商们从来都行跪拜礼,跪倒在地,叩首多次。即使某位骄傲的官员允许他们起身,他们的眼睛也从不会超过他的官服的第九粒扣子,疏忽了这项严格的礼节,行商就会遭到最严厉的乱棒责打,如同处罚一个普普通通的轿夫。"[6]

看过清宫戏的人,对清代官员对襟长袍的官服不陌生,想想看,从领口的第一颗扣子往下数到第九颗,大概的位置在哪里?

粤海关监督是省部级大官,那么小官吏呢?

"行商见了官府最低的小吏也会发抖"[7],这是英国人巴罗亲眼所见的。

可怜的十三行商人!

头上扣着朝廷顶戴的十三行商人,官府一个不高兴,他们就会被摁倒在地打板子,毫无尊严可言。

头上扣着朝廷顶戴的十三行商人,朝廷一个不高兴,那顶戴说摘掉就轻而易举地摘掉了。

1821年(道光元年),清政府严厉重申鸦片禁令。两广总督阮元追究总商伍秉鉴徇隐外国商船夹带鸦片,向皇帝打了声招呼,不费吹灰之力就摘去了伍秉鉴的三品顶戴。

1834年(道光十四年),英国官员律劳卑到了广州,他有意破坏中国的法规,不经官府允准私自闯入广州。这事儿闹大了,广东官府对律劳卑施以高压,同时,追究保商严启祥。这一来,严启祥吃了100杖,捐来的官衔被革去,还要连累全体行商被官府训斥。

具有官员身份的十三行商人,动辄就会被官府丢进监狱,流放新疆。乾隆四十五年(1780),皇帝上谕:行商"颜时瑛、张天球均应……从重革去职衔,发往伊犁当差,以示惩儆"[8]。类似的记载,在各种史料中屡见不鲜。

章文钦先生说过:"清政府高兴时可以赏给行商一套官服,而当行商因受官府勒索、外商挟制负债破产时便剥下他的官服,给他穿上一身囚衣。"[9]

中国人说胳膊扭不过大腿,在权力的屋檐下,中国商人不得不低头,不敢不低头。

顶戴救不了十三行商人。

阮元画像

"粤商文化"丛书
漫话十三行

[1]潘刚儿,黄启臣,陈国栋.广州十三行之一:潘同文(孚)行[M].广州:华南理工大学出版社,2006:79.

[2]梁嘉彬.广东十三行考[M].广州:广东人民出版社,1999:321.

[3]吴建雍.18世纪的中国与世界:对外关系卷[M].沈阳:辽海出版社,1999:29.

[4]亨特.广州番鬼录;旧中国杂记[M].冯树铁,沈正邦,译.章文钦,骆幼玲,校.广州:广东人民出版社,2009:253.

[5]马士.东印度公司对华贸易编年史:1635—1834年 第三卷[M].区宗华,译.林树惠,校,章文钦,校注.广州:广东人民出版社,2016:57.

[6]老尼克.开放的文明:一个番鬼在大清国[M].钱林森,蔡宏宁,译.济南:山东画报出版社,2004:19.

[7]巴罗.我看乾隆盛世[M].李国庆,欧阳少春,译.北京:北京图书馆出版社,2007:460.

[8]梁廷枏.粤海关志:校注本[M].广州:广东人民出版社,2002:492.

[9]章文钦.广东十三行与早期中西关系[M].广州:广东经济出版社,2009:370.

三、无穷无尽的报效

在官家眼里,十三行商人能够做生意,而且能够做成那么大的生意,完全是官家的恩典。

1785年(乾隆五十年),两广总督在一份公文中特别提到十三行商人们说的话:他们"仰沐皇恩,开设洋行,获利丰裕,感激天恩,未能仰报万一"[1],话是行商们亲口说的,还是总督替行商们说的,只有天晓得。

既然如此,十三行商人就该报恩,报皇上的大恩。反正在官家眼里,十三行商人的财富,就不是真的属于商人自己的。

既然如此,只要官家随时需要,十三行商人就该随时奉送。

其中确实有国家和社会之需,确实有十三行商人发自内心的报效。

例如鸦片战争期间,这一边,钦差大臣兼两广总督林则徐目睹英国海军的坚船利炮,决心打造一支中国的新式水师;那一边,十三行商人也热衷于造船造炮,伍秉鉴购买了一条美国船捐作为中国军舰,潘正炜购买了英国大炮,捐给了国家。可谓官民一致同仇敌忾。

不过,更多的是勒索。

广东巡抚衙门（约1800—1805年绘）

　　首先要孝敬皇家。特别在"一口通商"以后，皇家享用的西洋奢侈品几乎都由十三行输送。

　　当时的英国东印度公司记载，两广总督、广东巡抚和粤海关监督每年要向皇帝进贡西洋珍奇物品3次，而当代的中国专家据清宫档案研究说是每年4次。3次也好，4次也罢，反正是大量的进口洋货由广州流入宫廷。例如乾隆三十六年（1771年）十一月初八日，两广总督李侍尧一次性所进贡品就多达90种。

漫话十三行

为皇上运送礼物的贡船（1800—1805年绘）

购买这些洋玩意儿，谁出的钱？是献礼的官员吗？非也。"海关监督或其他官员的购办备贡的珍奇物品，都指定要保商搜购。保商通常只能收回这种货价的四分之一左右。"[2]

如此情形，别说保商自己了，连西方人也恼火："在这种情况下，保商不愿和我们的船交易，我们也希望他们免除这种负担。如果这种办法不予废止，不是保商赔偿，就是迫使公司将珍奇物品的价钱提高，以免损失过大。"[3]

除了实物，另外还得奉上巨额的银两。

皇宫里有一个专为皇室服务的内务府，内务府里有一个专为皇家制作和维修御用品的造办处。制作和维修都要花钱，每年得花上三四万两银两。这笔经费来自十三行，行商们每年向造办处缴纳银两5.5万两。

这些都是每年的例规。

皇上、皇亲、皇宫……打着这些不可抗拒的旗号，哪个行商敢

喜溢秋庭图（清代宫廷画家绘）
道光皇帝与皇后坐在亭子里，外面是嫔妃和皇子皇女们

说一个"不"字？广东大大小小的官吏们常常借此肆无忌惮地敲竹杠。

1759年（乾隆二十四年），法国商人味的哩向两广总督投诉，说很多官吏"借办贡物名色，需一索十"。为皇上办一件贡品，却索要十件。索要得来，大部分为官吏占有。这些无耻之人任意向行商摊派，日逼夜催；你要是没有，他就令你出钱由他代买，或者干脆说他已经在某处买到了，你就付钱吧……假如你不答应，这些人就会寻个由头来害你，总之是"惨不胜言"。

世上没有不透风的墙，广州的这些种种恶习皇上也知道，皇上知道了居然也会诉说自己的委屈。

第七章　官与商的博弈

"粤商文化"丛书

漫话十三行

嘉庆皇帝登基不久就下令抄了和珅的家。在查抄和珅家产的上谕中嘉庆皇帝说,这几年是得到了和珅进贡皇室的衣物,和珅嘴上说是自己备办的,其实未必真是他掏的钱,说不好是摊派给什么盐政什么海关经办的,和珅倒是得了个好名声。

根据这一上谕,历史学家陈国栋先生断言,衣服这一项如此,其他的物品想来也差不多。

除了例规,所谓为国分忧的五花八门的数不胜数的捐输,隔三岔五地随时要来光顾十三行:公益事业啦,赈济灾民啦,水利工程啦,剿匪平叛啦,补充军饷啦……

这其中不少是巧立名目。就说水灾吧,连十三行的外国商人也知道:"所谓水灾的严重性是被夸大了的,即使真有其事,从他们的捐款中,也只有一小部分被用来修理河堤,官员们拿走大部分以满足自己的私欲。行商们可以商量,可以少拿,但不能逃避。"[4]

于是有了美国商人亨特与伍浩官下面的一番对话:

亨特:浩官,今天有消息吗?

浩官:太多坏消息了,黄河又闹大水。

…………

亨特:官员来看你了吗?

浩官:没有,但他叫人送来一封信,他明天来,要我拿出20万元。

亨特:你给他多少呢?

浩官:我给他五六万。

亨特:他若不满意呢?

和珅像

浩官：假如大头子不满意，我就给10万。

可以想象行商的无奈，可以想象行商的恐慌。

有的时候，说不清是行商自愿的还是非自愿的。

海关监督离任回京时，行商们要送钱；新海关监督上任时，行商们要送钱；京城的户部大员那儿，行商们要送钱……美国人也懂得："之所以要这样做，是因为由此可获得官员势力的保护，并且这是自愿馈赠。"[5]

潘振承就有过这样的一次"自愿馈赠"。1781年（乾隆四十六年），粤海关监督又对行商下绊子了，他们提出这年生丝的出口每船不能超过一百担。然而，潘振承这年的生丝交易远远超过这个定额。为了他的生丝都能运出去，他拿出4 000两银子贿赂海关。有钱能使鬼推磨，何况潘振承拿出的是大价钱，于是"鬼"便爽爽快快地推了"磨"。

十三行得了皇上赐予垄断权之恩，如何涌泉也报不完。有专家统计，1801—1843年（嘉庆六年至道光二十三年），伍氏怡和行送礼、捐输和报效的银钱高达1 600万两。

中国官家的脑子里历来就没有财产权这一说。溥天之下，莫非王土，率土之滨，莫非王臣。皇上要你性命你还得叩头谢恩呢，何况那些东西、那些银子！

亨特像

---

[1]潘刚儿，黄启臣，陈国栋.广州十三行之一：潘同文（孚）行[M].广州：华南理工大学出版社，2006：79.

[2][3]马士.东印度公司对华贸易编年史（1635—1834年）[M].区宗华，译.林树惠，校.章文钦，校注.广州：广东人民出版社，2016：12.

[4][5]亨特.广州番鬼录；旧中国杂记[M].冯树铁，沈正邦，译.章文钦，骆幼玲，校.广州：广东人民出版社，2009：47.

"粤商文化"丛书

漫话十三行

老年的乾隆皇帝

英王乔治三世

四、一个狰狞的幽魂

一个幽魂,狰狞的幽魂,在十三行上空游荡。

这个幽魂叫商欠,又叫行欠或夷欠,就是行商欠了外国商人的债务。

债务,商业活动中一种常见的现象。这一常见的民间现象一进入十三行,官府和朝廷都要深度干预,而且是有选择地干预。

外国人借了中国行商的钱,还抑或不还,中国官方一般不甚过问。中国官方深度干预的是,首先严厉禁止向外人举债,一旦举债不还,对欠债的行商便是残酷的追逼:下狱,动刑,抄家,籍没,流放。即使行主死了,儿子、亲属、家人也要负责到底。

鄙视西方"蛮夷"的中国清政府,在债务的问题上怎么会反过来偏袒西方"蛮夷"呢?

这有清王朝在政治上的考量。

1776年（乾隆四十一年），乾隆皇帝说过："夷商估舶冒越重瀛，本因觅利而至，自应与之公平交易，使其捆载而归，方得中华大体。若遇内地奸民设局赊骗，致令货本两亏，尤当如法讯究。"[1]

1793年（乾隆五十八年），乾隆皇帝托英国马戛尔尼使团带回去一封给英国国王乔治三世的信，信中特别提到中国朝廷对商欠案的严肃处理："前次广东商人吴昭平有拖欠洋船价值银两者，俱饬令该管总督由官库内先行动支帑项，代为清还，并将拖欠商人重治其罪，想此事尔国亦闻知矣。"[2]

中国是天朝上国，领导四面八方所有"蛮夷"之国，是四面八方所有"蛮夷"之国的榜样。朝廷开放口岸贸易，除了获取白银和奢侈品，更重要的是宣扬国威，教化万民。"蛮夷"商人来广州做生意，乃中国皇帝怀柔远人之至意，岂容中国商人欠债于外人？

因此，大清皇帝王上王的领袖风格，大清王朝国上国的光辉形象，丝毫损害不得。

因此，行商的经济利益必须为朝廷的政治利益让路。

这种双重标准，给十三行商人带来了深重的灾难。

还需要弄清楚的是，精明的十三行商人为什么会欠外债？

1784年（乾隆四十九年），军机大臣会同两广总督向皇帝分析其中缘由："夷商"在回国时，将他们还没卖完的货物作价留给十三行，请行商代为销售，并说好卖出货物所得，由多少价钱起开始计算利息。行商贪图这些进口货物不用现钱，便应允下来。但夷商往往说好一年回来，结果迟至二三年才回来。这样一来，货物本钱既按年起利，利钱又打一个滚变为本钱，"以致本利辗转积算，愈积愈多，商人因循负累，久而无偿……"[3]

还有资金问题。做生意要有资金，生意场上的资金要不停地流动，十三行商人常常缺少流动的资金。粤海关还有一个苛刻的制度，进出口货物满关三月必交税。这个时候，西方商人就会出手了。

西方商人，尤其是各个东印度公司，那是新兴的股份制，是众多的股东持不同等额

第七章 官与商的博弈

漫话十三行

的资本集合而成的企业。这样的巨无霸自然资本雄厚，又有国家和政府做靠山，所以流动资金往往充沛。

例如荷兰东印度公司（VOC），在17世纪60年代是世界上最富有的私人公司。它也是世界上第一个股份有限公司，股息高达40%。鼎盛时的荷兰东印度公司曾一下释出650万荷兰盾的证券，掀起一股认购热潮。大多数荷兰人踊跃购买东印度公司股票，连阿姆斯特丹市市长家的女仆也以100荷兰盾的现金入股。要知道，那个时候，荷兰的一个教师年薪也就280荷兰盾。

有足够底气的荷兰东印度公司拥有超过150艘商船、40艘战舰、2万名员工、有1万名佣兵的军队。

反观十三行，虽说有公行，但那只是一个行商的松散组织，实际经营中，行商还是一家一家地单打独斗，流动资金当然短缺。

向中国商人放高利贷，利息远远高于西方。英国银行的利率只有3%左右，而广州口岸的利率，据台湾陈国栋先生研究，18%的年利率最为通行，要是碰上急需，行商就不得不承受高达40%的利率。

好处还不止于高额的利率。高利贷悄悄地放、悄悄地收，神不知鬼不觉，得到的高利息不用向中国交税。这么好的生财之道打着灯笼也难找。有的西方人甚至从别处借钱再转借给十三行商人，特别是那些实力不强的行商。西方的债权人主要是英国的，还有法国的、美国的、荷兰的、西班牙的、葡萄牙的、瑞典的，等等。

这样一来，"有一种进口方式已经慢慢出现了，它既不受注意也不被征税，这便是资本的进口"[4]。

刻有荷兰东印度公司标识（VOC）的1790年铜币

17世纪荷兰阿姆斯特丹的证券交易所（维特绘）

第七章 官与商的博弈

"粤商文化"丛书

漫话十三行

押解犯人（［英］威廉·亚历山大绘于1794年）

随着西方资本主义的发育成熟，西方的资本注入中国愈来愈烈，势力单薄的十三行商人纷纷陷入泥潭。一旦行商欠外债不还，就是商欠了，这时，朝廷就出面了。

朝廷第一次干涉的商欠案是黎光华商欠案。

1758年（乾隆二十三年），资元行行主黎光华突然弃世。黎光华留下两头债务：外欠法国商人和英国东印度公司债务，内欠粤海关的进口税饷。于是，外国人告状，粤海关不容。乾隆皇帝高度重视，亲自裁决：查抄黎光华在广州和福建的全部家产。

黎光华案开了一个头，以后的商欠案接踵而来。直到鸦片战争前，行商的商欠可以列出一份密密麻麻的单据：

1776年，丰进行倪宏文商欠16 299元；

1784年，义丰行蔡昭复商欠23 0740元；

1810年，会隆行郑崇谦商欠1 360 810元；

1810年，达成行倪秉发商欠569 900元；

1828年，福隆行关成发商欠1 099 321元；

1836年，兴泰行严启昌商欠2 261 000元；

……[5]

英国学者格林堡说："据大概的估计，在实行公行制度的八十二年间，无力偿付的债款总数在一千六百五十万元以上。"[6]

商欠带来的往往是倒行，倒行带来的往往是流放，流放到苦寒的新疆伊犁服苦役：丰进行的倪宏文、达成行的沐士方、丰泰行的吴昭平、福隆行的关成发、泰和行的颜时瑛、会隆行的郑崇谦……

1796年（嘉庆元年），万和行的蔡世文也欠下巨款难以偿还，其中，外债228 167两，内债231 833两。他知道，等着他的是下狱、受刑、流放……1796年4月10日清晨，这位十三行的总商，行商的领军人物，吞食鸦片自杀了。

人被逼死了，人被流放了，但债务还在。清王朝不会拿出一个铜板来帮助作为债务人的中国商人或作为债权人的外国商人。解决的办法很无理、很无赖，那就是让所有的行商在一定期限内分摊还债。

分摊是由第一件商欠案即黎光华案开始的。除了抄没黎光华的家产充数，余下的由全体行商分摊分期还欠。黎光华的全部家产只能抵他债务的小头，全体行商分摊的是大头。

在十三行，只要一个行商欠债破产，所有行商都会无辜受牵连。

1791年（乾隆五十六年），拖欠英国人28万两借款的行商吴昭平被发至伊犁服苦役。至于他留下的债务，乾隆皇帝一头对英国国王说"由官库内先行动支帑项，代为清还"[7]，另一头却饬令广东官府："所欠银两，估变家产，余银先给夷商收领，不敷之数，各商分限代还。"[8]

随着商欠越来越多，分摊的次数和数量也越来越多。像而益行石中和破产，留下280 521两欠款由全体行商分两期偿还，第一期182 689两，第二期97 832两。

商欠就像一个狰狞的幽魂游荡在天空，在幽魂阴森森的目光下，十三行一片哀鸣。

第七章　官与商的博弈

漫话十三行

[1] 刘禾.帝国的话语政治：从近代中西冲突看现代世界秩序的形成[M].北京：生活·读书·新知三联书店，2009：127.

[2] 梁廷枬.粤海关志：校注本[M].广州：广东人民出版社，2002：455.

[3] 梁廷枬.粤海关志：校注本[M].广州：广东人民出版社，2002：493.

[4] 马士.中华帝国对外关系史[M].张汇文，姚曾廙，杨志信，等译.上海：上海书店出版社，2000：77.

[5] 章文钦.广东十三行与早期中西关系[M].广州：广东经济出版社，2009：290.

[6] 格林堡.鸦片战争前中英通商史[M].康成，译.北京：商务印书馆，1961：57.

[7] 梁廷枬.粤海关志：校注本[M].广州：广东人民出版社，2002：455.

[8] 梁廷枬.粤海关志：校注本[M].广州：广东人民出版社，2002：495.

五、倒也！倒也！

《水浒传》里，晁盖等七条好汉到黄泥冈智取生辰纲，他们在白酒里下了"蒙汗药"，诱骗押送生辰纲的官兵们喝了，官兵们一个接一个地麻醉瘫倒，七条好汉齐声高喝："倒也！倒也！"

一个罪犯将要远行，他的女眷前来送行（[英]托马斯·阿罗姆原作于19世纪中叶）

"一口通商"的十三行，也是一片"倒也！倒也！"的喝声，越到后期越是"倒也！倒也！"

"倒也！"倒的是商行。那时，行号破产也叫倒行。

陈国栋先生说："对绝大多数的行商而言，破产根本是必然的，早在他们一当行商的时候就已注定了。唯一的差别是能力稍强的拖得久些，能力差的早早就破产罢了。"[1]

此言不差。

1791年（乾隆五十六年），行商吴昭平破产，被朝廷发遣伊犁，这时离他承充行商的1786年（乾隆五十一年）也不过才五年。

1829年（道光九年），连英国东印度公司都关注到"行商数目的减少，他们多年来的数目是11个，由于四家行号的破产，已减为七个"。紧接着，公司又接到赴广州视察的米利特向公司的报告："在我离开澳门之前，流传关于章官行号的不利消息，引起我对这位行商的各种情况进行极其严密的考查，而我惋惜地奉告，他们现在已处于如此严重的状态，以致该行号继续商业交易的能力已成问题。"米利特忧心忡忡地说："假如某种完全的改变不会发生，就使我们去考虑不列颠在中国的贸易长久以来所实行的制度全部消失的可能性。"[2]

潘氏同孚行的茶箱

硬撑到鸦片战争结束之时，现有的商行中，除了潘正炜的同孚行和伍秉鉴的怡和行，剩下的8家都在苦苦维持。其中包括梁承禧的天宝行和卢继光的广利行，曾经也兴盛数年，这时却分别欠下外债100多万

"粤商文化"丛书
漫话十三行

两，实际上也都是一番"倒也！"的光景。

十三行商人可是皇上恩准的，他们的垄断特权可是官府庇护的，按理说应该盆满钵满，应该风光无限。为什么"倒也！"是必然结局呢？

一曰官府勒索，二曰商欠，三曰畸形的限口通商政策。在重重的压力下，经营行号变得艰难无比，也痛苦无比。

同文（孚）行潘家和怡和行的伍家，算是享誉世界了，但他们的当家人都寻思着退休。

在官家眼里，行商的字典里就不许有退休这个词条。官家的逻辑是，你们承蒙皇恩赚了那些个钱，你们就要为朝廷鞠躬尽瘁，死而后已。确实，行商一旦领取了"营业执照"，在朝廷的户部注册了行商籍，那就钻进了一个回头再也打不开门的牢笼。

潘正炜的父亲，第二代潘启官潘有度，为了退休，向官府缴纳了10万两银子，有传闻说实际上是50万两；又用计谋激怒英国东印度公司，以至于公司不再挽留他。他这才获得了退出行务的自由。

潘有度像（广州画家史贝霖绘于约1800年）

但也就自由了几年。十三行的行号一个接一个地倒行，眼看广州口岸对外贸易的正常运转都会有问题，官家坐不住了。他们不是回过头来怀念或珍惜潘有度，而是愈加忌恨他："从前退商，本属取巧。现当洋行疲敝之时，何得任其置身事外，私享厚利？"[3]硬是逼着潘有度再度出山。

十三行的另一个巨头伍秉鉴也早想急流勇退,他花了50万两银子,得到的也只是将行务移交给他的四子伍受昌。不想伍受昌英年早逝,五子伍崇曜接手了怡和行。在伍受昌和伍崇曜的后面,伍秉鉴始终是退而不能休,始终是官家眼里的行商领头羊。

伍秉鉴在古稀之年遇上了鸦片战争,国难家难如一波又一波冰冷的潮水向他袭来。战争结束不久,1842年(道光二十二年)12月23日,心灰意冷的伍秉鉴写信给他的美国朋友罗伯特·福布斯:"如果我现在是青年,我将认真地考虑乘船往美国,在你附近的某处定居。"[4]

写这封信半年多之后,1843年(道光二十三年)9月4日,伍秉鉴终于得以真正地休息。那一天,他辞别了这个世界。

商行的掌舵人如此,掌舵人的后代又如何呢?

1820年(嘉庆二十五年)10月,同孚行的潘有度去世时,他有4个成年的儿子。长子潘正亨态度坚决,死活不接父亲的行号,还撂下一句在西关流传至今的名言:"宁为一只狗,不为洋商之首。"

其他的儿子要么不合适,要么不愿意,以至于在潘有度去世的那个贸易季,同孚行生意停摆。

潘家歇业,官府发怒了。第二年(1821年)10月,两广总督颁布谕令:"故商潘启官之行号不得歇业,必须其子亨官与庭[亭]官共同执业如前。"[5]

你潘家愿干得干,不愿干也得干,朝廷还指着十三行进税银呢。官府下了死命令,潘氏家族只好推出了潘有度的四子潘正炜。

按潘家的设想,这潘正炜原是要走他伯父即潘有度大哥潘有为的路径的。

第七章 官与商的博弈

"粤商文化"丛书

漫话十三行

状元及第图
王恒、冯杰伉俪收藏的清代外销画《状元及第图》。让子弟金榜题名是中国商人的期盼。

潘有为先中举人再中进士，在京城任内阁中书。如潘有为那般登科进士光宗耀祖，才是十三行商人对儿孙最热切的期盼。1816年（嘉庆二十一年），访华的英国使团副使亨利·埃利斯观察到了这一点："据说，聚集了大量财富的行商们都迫切地想让他们的孩子成为官员。"[6]

潘家为培育儿孙煞费苦心，先后延聘了不少名师。在父辈和良师的栽培下，潘正炜学业有成，正在科举仕途的路上奋力前奔呢。这回是，牛不喝水但被强摁下了头。万般无奈之下，潘正炜被迫成了潘启官三世。

接手同孚行，苦；弃仕经商，更苦。潘正炜的胸中翻滚着一腔的苦涩。

像潘氏同孚、伍氏怡和，几十年上百年在对外贸

真赏斋进学图

亦商亦儒的潘正炜是当时著名的鉴赏收藏家，图为潘正炜收藏过的《真赏斋进学图》，为明代文徵明所绘。

易的海洋中劈波斩浪的实在寥寥无几，大部分行商苦苦挣扎二三十年甚至更短的时间就沉没了。

十三行地面上的人越来越清楚，经营洋行不是一条康庄大道而是一条荆棘险径，于是人人却步不前。愿意承充行商的越来越少。"一口通商"前期，承充行商的大多是原来就与对外贸易有关系的强手；到"一口通商"后期，承充行商的大多是没有多少外贸经验的小商人，或是地位很低的通事、买办等，还有被官府逼着上架的。行商素质的降低，又加速了十三行"倒也！"的趋势。

这是一种恶性循环。

"倒也！倒也！"这是十三行的厄运。

[1] 陈国栋. 东亚海域一千年：历史上的海洋中国与对外贸易［M］. 济南：山东画报出版社，2006：290.

[2] 马士. 东印度公司对华贸易编年史：1635—1834年 第四卷［M］. 区宗华译. 林树惠校. 章文钦校注. 广州：广东人民出版社，2016：230.

[3] 潘刚儿，黄启臣，陈国栋. 广州十三行之一：潘同文（孚）行［M］. 广州：华南理工大学出版社，2006：169.

[4] 广东社会科学，2001（6）：83.

[5] 潘刚儿，黄启臣，陈国栋. 广州十三行之一：潘同文（孚）行［M］. 广州：华南理工大学出版社，2006：234.

[6] 埃利斯. 阿美士德使团出使中国日志［M］. 刘天路，刘甜甜，译. 刘海岩，审校. 北京：商务印书馆，2013：44.

第八章
走向末路的十三行

"粤商文化"丛书

漫话十三行

中国有成语：成也萧何，败也萧何。"一口通商"，带给十三行空前的繁荣；"一口通商"，也注定了十三行最后的没落。

随着西方资本主义的雄起，商品经济发展迅猛，殖民主义扩张疯狂。

商品经济自由活泼的天性与限口通商相斥，殖民主义横暴凶狠的本性与限口通商相抗。

中国皇权庇护下的十三行，扛不过商品经济的天性，顶不住殖民主义的本性。

瓦特在改良蒸汽机

一、工业化大潮袭来

那时的十三行商人，听不到大机器的轰鸣声。

那时的广东官员，听不到大机器的轰鸣声。

那时的朝廷君臣，听不到大机器的轰鸣声。

别指望眼不见可以心不烦，你不理它，它却要来烦你。大英帝国的大机器，绝对不会放过中国。

英国先进的大型纺织工厂（西方版画　1851年绘）
画面上是当时英国先进的大型纺织工厂。

英国的工业革命由蒸汽机而起。

英国人瓦特发明蒸汽机不是一个偶然事件。瓦特之前，早就有人发明了蒸汽机，但都无疾而终，只有瓦特的蒸汽机带动了大机器。换一个角度来说，到了历史发展的这个时期，生产力急速发展的强烈需求，催生了瓦特的研究发明，让瓦特的发明大放光明。

蒸汽机武装了大机器，大机器催生了大工厂，大工厂引发了大工业，大工业渴望着大市场。用专业一点的术语来说，这是大工业带来产能过剩，生产的能力超过了实际的需求。

大工厂里日夜轰鸣的大机器，如同喷发的火山，其产品的数量如滚烫汹涌的岩浆倾泻而下。工业革命发端于英国，但小小的英国市场远远容纳不下本国"火山"喷发出来的"岩浆"，这洪流般的"岩浆"要冲向山下的大片洼地——全世界的市场。

第八章　走向末路的十三行

"粤商文化"丛书

漫话十三行

在英国人眼里,中国就是一个容纳"岩浆"的大市场。

中国有辽阔的国土,中国有世界上最多的人口。"英格兰的新兴工业企业家阶级成员……希望能把这些商品卖到这块拥有三亿消费者的土地上。"[1]曾有一个英国棉布制造商计算过:如果我们能让每个中国人的衣服哪怕长1英寸,就足以让曼彻斯特的工厂生产世代无忧。

英国工业革命由纺织工业开始,曼彻斯特正是当时英国的棉都,被人形容为"空气里都飘着棉花絮"。虽然隔着千条山万道水,却丝毫不妨碍曼彻斯特的工厂主密切地关注着广州。

与英伦大地遥相呼应的是,广州的英国商人也密切地关注着曼彻斯特,他们的头面人物马地臣就从广州向英国报告:"中国人对于英国匹头货的需要,现在虽然有限,可是因为价格低廉,将来可望增加。我们已经看到一些富裕商人让他们的孩子穿印花布的衣服,这种布过去是只作被单用的,如果这种风气流行——这并不是不可能的——那么它所开辟的英国工业品的市场是不可限量的。"[2]

中国是个大市场,奈何这个大市场的门不开,只留了一条门缝,这条门缝就是广州。

就这么一条窄窄的门缝,还要将对外贸易限制于屈指可数的十三行商人的范围内,这与曼彻斯特棉纺织业大工厂主的渴求极不相衬,这与英国巨大的生产能力极不相衬。

广州还有一个英国东印度公司的商馆,也就是分

马地臣像

公司。在英国新兴的工厂主看来，这也是一大绊脚石。

英国东印度公司受权于英国女王，200多年来，垄断了从好望角到麦哲伦海峡之间的东方贸易。如今是大工业生产，大工业的产品冲向全球各地，一个臃肿、僵化、垄断的旧式企业，在新的时代里左支右绌，进退失据，英国的大工厂主很不耐烦。

大工厂主一不耐烦，有人就高兴了。这些人就是英国散商。

英国散商是公司体制外的个体户，又叫私商。私商受制于公司。公司如同大裁缝，把一大块布裁了做衣服，剩下一点边角碎料留给私商做文章。在强大的公司强大的压力下，私商主要从事亚洲区域内的贸易，在印度与中国之间贩运棉花。

边角碎料填不饱散商贪婪的胃口，他们时时在窥探，寻找发横财的突破口。

这个突破口还真让他们寻着了——贩卖鸦片！

东印度公司霸占着印度，霸占着印度的罂粟，霸占着印度的鸦片贸易。顶着大型国字号企业的金字招牌，东印度公司"暗地里当婊子，明面上立牌坊"，他们把散商推到前面坐台接客。

只要能赚大钱就行，没脸没皮、大大咧咧的散商乐滋滋地干起了鸦片买卖。

东印度公司当初怎么也不会想到，自己亲手喂出了一群恩将仇报的白眼狼。

英国船"欢乐"号在孟买运载鸦片

第八章 走向末路的十三行

"粤商文化"丛书

漫话十三行

英国东印度公司总部位于伦敦宁德赫尔街

鸦片贸易养肥了英国私商。他们以强大的经济实力为后盾,以强烈的野心为动力,无时不想着推翻压在头上的东印度公司。他们赶上了大工业的好时代。

以曼彻斯特为代表的大工厂主与广州的英国私商组成同盟军,他们一次又一次向英国公司发难,向英国政府发难。

大工厂主的利益就是英国的国家利益,开辟大市场的前途就是英国的前途。在国家利益面前,英国政府舍弃了它早先的宠儿东印度公司。1833年(道光十三年),英国国会通过《东印度公司改革法案》,决定于1834年(道光十四年)4月22日废止公司对华贸易的特权。

扳倒了英国东印度公司,并不等于全面打开中国市场,"一口通商"的广州体制还在那儿呢。

扳倒广州体制!英国工厂主下定了决心,英国私商下定了决心。

发端于英国的西方工业化大潮,从大西洋向十三行凶猛扑来。"现在这个大清帝国似乎是'可怜亦复可笑'了,它抵挡不住这些新兴的欧洲'王子',这些工业西方的矛头。"[3]英国人信心满满。

---

[1]包乐史.看得见的城市:东亚三商港的盛衰浮沉录[M].赖钰匀,彭昉,译.杭州:浙江大学出版社,2010:8.

[2]格林堡.鸦片战争前中英通商史[M].康成,译.北京:商务印书馆,1961:92.

[3]格林堡.鸦片战争前中英通商史[M].康成,译.北京:商务印书馆,1961:196.

二、四面尽是楚歌声

1834年(道光十四年),被废止了对华贸易垄断权的英国东印度公司撤出十三行。英国人唐宁记下了这个历史时刻:"我们的国旗这些年在中国在东印度公司时代,一直飘扬在广州的商馆前,但在1834年4月22日租约期满之时,它被迫降了下来。这是个英国贸易史上难忘的时刻,对中国贸易的独占权停止了,中国成为各国冒险者群雄逐鹿之地。"[1]

十三行商馆区

"粤商文化"丛书

漫话十三行

十三行往日最大的贸易伙伴一下子没了,十三行商人这心里一下子空落落的。更可怕的是,公司一撤,十三行商人成了垓下的项羽,只听得四面楚歌声一片。

英国东印度公司一撤出,正如英国大工厂主和广州的英国私商所期待的,广州进出口贸易量一时激增。

就说曼彻斯特工厂主最看重的棉布棉纱。1833年(道光十三年),英国平织棉布输入广州只有4 492 563码,到1838年(道光十八年)增长为23 063 784码,净增4倍多;棉纱从1833年的400 000磅,猛增为1838年的3 733 580磅,净增8倍多。

在出口方面,中国最大宗的出口商品茶叶,以前由东印度公司垄断,如今英国自由商人纷纷抢购茶叶。1834年(道光十四年)茶叶出口英国就达到32 029 052磅,两年后的1836年(道光十六年)增至48 520 508磅。

但激增的贸易遇到了"一口通商"的瓶颈。

"一口通商"就是限口通商。

英国人不甘心受限于广州"一口",他们早就对受限于"一口"充满怨恨。

"自由商人对东印度公司的胜利,不但未能解决对华贸易的各种矛盾,而且使它们变本加厉起来。贸易越增长,公行不能与它相适应就越明显。中国越像是英国制造品的一个有希望的潜在市场,广州商业制度就越像是束缚太多,不能容忍。"[2]

相对英国人而言,美国人是广州口岸的后来者,他们也对"一口通商"充满怨恨。美国传教士裨治文就说:"中国的每个地区,都或多或少地对外国产品有

身穿深蓝航海制服的美国船长(广州画家啉呱绘于19世纪中叶)

所需求。只要贸易被限制在这一个港口，要满足这一需求，无论对外国人还是对本地人来说，条件都是很不划算的。"[3]

中国人也不甘心受限于广州"一口"。像茶、丝产地，明明附近不远处就有出海的港口，可官府偏偏不让走，非得远途运往广州，其中艰辛不说，还带来成本的上升。千辛万苦地到了广州，产品销售的话事权又攥在几个十三行商人手里。内地商人别提有多憋屈了。

前面提过，十三行商人普遍欠外债；城门失火，殃及池鱼，这个池鱼包括内地商人。两广总督蒋攸铦和粤海关监督祥绍分析过这种"殃及"：行商"既有夷账，即不能不赊客商之货，以抵还夷人。迨至积欠逾多，不敷挪掮，为夷商所挟制，是以评估货价不得其平，内地客商转

运茶（水彩画　约1800年绘制）
内地制好的茶叶正在包装准备运出，右边坐着的戴帽者应是商人。

"粤商文化"丛书

漫话十三行

受亏折之累"[4]。因为外债越欠越多,逐渐被外商挟制,一些行商便以邻为壑了;面对内地商人,他们不是公平交易,而是又赊货又压价。内地商人负屈含冤地接过本是行商的亏损,一个个叫苦不迭。

债分内外,内外有别。清政府不准行商欠外国人的债款,所以,行商还债也内外有别。清理债务优先清理外债,这内债往往就转嫁给内地商人了。如1795年(乾隆六十年)而益行石琼官破产,却拿不出钱来偿还内地茶商的债务。内地茶商恨不得把他剁成肉酱。

不甘心于"一口通商"的西方商人驾着他们的海船悍然北上。

1823年(道光三年),马地臣派出一条叫"圣萨贝斯"号的英国船,满载着鸦片,悬挂着西班牙国旗闯入厦门港。

1833年(道光十三年),从利物浦和新加坡开来的英国"仙女"号到达伶仃洋,当年12月15日驶往中国东北海岸,第二年1月6日返回伶仃洋。

厦门的茶叶市场([英]托马斯·阿罗姆绘于19世纪中叶)

鸦片战争前,美国商船到过台湾基隆港,有的也直扑辽东湾。

……………

西方商人还不是孤军作战,很多追逐商机的内地商人暗中私通外商。1832年(道光十二年),英国商人胡夏米不满粤海关制度，违禁北上厦门、福州、宁波、上海、威海，一路上各地竟然都有被官府称作"汉奸"的接应和告密……

山雨欲来风满楼，广州十三行地面上也是矛盾重重。

十三行没有了为王为大的东印度公司，各路西方商人各自为政，各显神通，各种西方商品涌入"一口通商"的广州港口，十三行这个小胃装不进这许多的食品。十三行商人应接不暇了。

如此混乱的局面正中一些广州商人的下怀，他们乐得乘机乱中作反。这些广州商人叫行外商人，即十三行以外的商人，被十三行捆住了手脚的商人。

以往，在官府的严格规定下，行外商人只能向外国客商卖些杂货和小宗商品，比如瓷器、衣服、雨伞、草帽、扇子、靴子等。而且他们向外国人卖出的货物必须在行商那里过一道手续，由行商出头，以行商的名义报关，然后才能出口。当然，行商就要从中抽取一笔手续费。

十三行商人是正眼也不瞧他们这样的小人物的。小人物也有大主意，他们不甘于仰人鼻息，暗中蚕食十三行的生意，如丝织品、南京布等。还有不少行外商人偷偷地勾结西方鸦片烟贩，赚取鸦片贸易的黑心钱。

现在好了，局面乱了，外商多了，他们胆子也大了，从暗地里走向了明处。

他们挑战十三行的权威。

就在英国东印度公司对华贸易垄断权取消的当年，广东政府又发布了禁令，其中一项又是重申禁止所有的行外商人与外国人做买卖。这一回，胆力渐壮的行外商人再也不沉默了，据当时的《中国丛报》载，上千人聚集起来，到广东巡抚衙门也就是广东省政府大门外激愤地申诉，要求取消这个命令。更让人意外的是，这次违逆官府命令的抗争竟然取得了胜利。这在以往是不可思议的。

此一时也，彼一时也，毕竟时势不同了。

还有伶仃洋，那是一个浮动在水面的鸦片走私市场。在一片火热的鸦片交易中，许多中外商人干脆顺手把其他进出口货物的交易也带过来，在伶仃洋上一并解决了。方便不说，还逃避了各种税务，这对广州口岸合法市场是一个极大的冲击。"伶仃和沿海一

第八章　走向末路的十三行

漫话十三行

广州行外商人开设的瓷器店（1770—1790年绘）

带走私的发展破毁了广州的商业制度。"[5]

腹背受敌，四面楚歌。

"一口通商"的路，眼看就要走到尽头。

---

[1] 唐宁.番鬼在中国[M].魏雅丽，方莉，译.（未出版）

[2] 格林堡.鸦片战争前中英通商史[M].康成，译.北京：商务印书馆，1961：179.

[3] 龙思泰.早期澳门史[M].吴义雄，郭德焱，沈正邦，译.章文钦，校注.北京：东方出版社，1997：305.

[4] 梁廷枏.粤海关志：校注本[M].广州：广东人民出版社，2002：559.

[5] 格林堡.鸦片战争前中英通商史[M].康成，译.北京：商务印书馆，1961：196.

三、西方列强如愿了

鸦片战争打响了。这场战争,中国人以"鸦片"冠名。"在中国人看来,仗是为了鸦片问题而打的",英国学者格林堡说。这里的中国人,这时的中国人,包括积极禁烟的林则徐。"但是对于英国商人来说,问题不这样简单。照马地臣看来,'这次战争的基本问题'是'在中国进行对外贸易的未来方式'。"[1]

马地臣,"一口通商"时期活跃在十三行的英国大鸦片烟贩。

所以,在英国侵占时期的香港,学生们手里捧着的历史教科书里,这场战争被称为"通商战争"。

表面上看,中国主场作战,军队数量占绝对优势;作为被侵略国家,在道德上,中国更占有正义的优势。英国军队劳师袭远,兵力也就区区一万,入侵中国领土,割占中国岛屿,都是为公理所不容的侵略行径。

鸦片战争

但称霸世界的英国海军船坚炮利,更重要的,与中国人稀里糊涂仓促应战形成鲜明对照的是,英国人蓄谋已久,有着明确的战争目标。

迫使中国结束"一口通商"的广州制度,开放中国市场,是英国人首先也最重要的战争目标。

在英国本土以曼彻斯特为首的纺织工业主,在广州以马地臣等人领头的英国私商,早在战争前便串通一气,他们反复研究并起草好了《中英条约》的稿本。

"粤商文化"丛书

漫话十三行

英国政府接受了这个稿本,并积极地动作起来,动用国家的武装力量,将这个稿本变成现实。

英国政府指示英国远征军司令,指示准备与中国谈判的英国特使,不达目的决不罢手。

天朝上国的大皇帝当然不会按英国人指定的路子走,那是一条让他丧权、让他辱国的路子。天朝上国的大皇帝命令他的将领、他的军队把蛮夷赶走。然而,天朝上国的神勇之师最后败给了中国君臣、中国民众从来不放在眼里的"蛮夷"小国。

马克思在评论鸦片战争时说得好:"在这场决斗中,陈腐世界的代表是激于道义,而最现代的社会的代表却是为了获得贱买贵卖的特权——这真是任何诗人想也不敢想的一种奇异的对联式悲歌。"[2]

天朝上国的大皇帝只能按英国人指定的路子走,而且英国人不给中国人商量的余地。

英国人指定的路子,都写在签订的《南京条约》上;英国人战无不胜的军舰,就泊在南京城外。

海军战舰"皇家乔治"号
英国拥有当时世界上最强大的海军。

1842年（道光二十二年）8月29日，中国的全权代表耆英、伊里布和牛鉴垂头丧气地走上英国战舰"康华丽"号，签下了中国近代史上第一个不平等条约。

英国人不满足于广州"一口"，他们还要中国诸多的东海岸港口。于是《南京条约》的第一条说："自今以后，大皇帝恩准英国人民带同所属家眷，寄居大清沿海之广州、福州、厦门、宁波、上海等五处港口，贸易通商无碍。"[3]

英国人不满足于十三行的垄断，他们要同任何能让他们赚钱的中国商人做生意。于是《南京条约》规定："凡有英商等赴各该口贸易者，勿论与何商交易，均听其便。"[3]

英国人想占领中国的一个岛屿作为他们的根据地。于是《南京条约》规定："大皇帝准将香港一岛给予大英国君主暨嗣后世袭主位者常远据守主掌，任便立法治理。"[4]

……

中英签订《南京条约》

第八章　走向末路的十三行

漫话十三行

天朝上国的大皇帝乖乖地按英国人的路子走了，英国人如愿了。

《南京条约》签订一年后，伍秉鉴去世。在美国历史学家多林看来，这位十三行领军人物的辞世具有非同一般的象征意义："1843年9月4日，伍秉鉴去世，享年75岁，为旧中国贸易画上具有象征性的句号。他几乎是广州体制的化身。"[5]这句话中的"旧中国"不是多林随口说的。

有旧中国就有新中国，旧与新的时间分界线，美国人划在1844年（道光二十四年）。

《南京条约》让英国人获得了巨大的在华利益，眼看着英国人欢呼雀跃，美国人却眼馋了。眼馋的美国人如法炮制。中国人抵挡不住的坚船利炮，英国有，美国也有。很快，美国特使顾盛在一艘巡洋舰和一艘炮船的护送下来到珠江口。

才从鸦片战争硝烟中走出来的大清帝国惊魂未定，在美国人软硬兼施的威胁下，1844年7月3日在澳门与美国签订了《望厦条约》。

美国特使顾盛

"中国与美国商定的条约成为所谓旧中国贸易的丧钟。广州贸易体制宣告终结，这座城市也不再是外国人进入中国的唯一门户。"[6]签订条约后的中国，美国人兴奋地称为"新中国"。

让《南京条约》惹得妒火中烧的不止美国一个。侵占中国的利益就这样让英国一家全得去了？法国人也不答应了。此等好事怎可少了法兰西？1844年8月，8艘法国军舰也开到珠江口来耀武扬威。

拔了毛的凤凰不如鸡，中国皇帝真被打蔫了。这年10月24日，《南京条约》的中方签字人耆英又一次作为全权代表，与法国公使拉萼尼在广州签订了《黄埔条约》。法国人不失时机地也分得了对华利益的一杯羹。

突破了广州"一口"，中国大门隆隆地被打开了。西方列强如愿以偿了。

西方人的"愿"，不是与中国人的互利共赢，他们要将中国变成他们的原料供应地、他们的商品倾销地。总之，"利"与"赢"是归他们的，"亏"与"输"是中国的。

如愿的西方列强带给了中国人无尽的苦难。

如愿的西方列强带给了十三行悲惨的厄运。

---

[1]格林堡.鸦片战争前中英通商史[M].康成，译.北京：商务印书馆，1961：193.

[2]中共中央马克思恩格斯列宁斯大林著作编译局.马克思恩格斯论中国[M].北京：人民出版社，1993：62.

[3][4]王铁崖.中外旧约章汇编，[M].北京：生活·读书·新知三联书店，1957：31.

[5][6]多林.美国和中国最初的相遇：航海时代奇异的中美关系史[M].朱颖，译.北京：社会科学文献出版社，2014：256.

法国公使拉萼尼

四、广州的愤怒

广州的愤怒，出乎英国人的意料。

鸦片战争硝烟散去，巨额的战争赔款压到了十三行商人身上，从战争进行时到战争完成时。

还是在战争期间的1841年（道光二十一年）5月27日，为了让英国侵略军撤离广州，中国官方被迫答应一周内向英方赔偿600万元，这就是所谓的"赎城费"。

第八章 走向末路的十三行

"粤商文化"丛书

漫话十三行

官府立即着手筹款。所谓筹款,只不过是向十三行下一道命令。十三行商人明白,他们得大放血,有理没理他们都得接着。先期交出 200 万元白银,其中伍氏的怡和行出 110 万,潘正炜的同孚行出 26 万,其他行商出 64 万。

才一个多月,200 万元白银装上了英国皇家的"康威"号,7 月 17 日,在英国船长比休恩的指挥下,"康威"号趾高气扬地驶离广州,返回英国。

签订了《南京条约》,结束了这场战争,中国是战争的输家,战争赔款是 2 100 万元白银,其中 70% 由广东人承担。在这 70% 中,十三行商人被摊派 300 万,占赔款总数的 14.23%。[1]

《南京条约》开放五个通商口岸,排名第一的当然是中国外贸中心广州,接着是福州、厦门、宁波这三个著名的大港口,最后的小县城上海最不起眼。然而,位于中国海

中国赔款被英国人运送到伦敦

岸线中点，拥有长江航运便利又拥有广阔腹地的上海，开埠后迅速起飞，吹气球般地呼呼胀大。

1843年（道光二十三年），开埠才一个多月，就有6艘外国商船抵达上海，第二年来了44艘，1849年（道光二十九年）更是增加到133艘。到了1853年（咸丰三年），上海港的生丝出口量是广州口岸的11倍多，茶叶出口是广州口岸的2倍多。上海很快取代广州，成为中国外贸第一大港，中国对外贸易的中心。

头脑活泛的广东人顺时应变，十三行的商人、买办、通事（翻译）纷纷北赴上海发展，寻找新的商机。甚至有人说，上海开埠早期，70%～80%的商人来自广东。

例如，伍氏的怡和行是美国在华最大企业旗昌洋行的大股东。旗昌在上海筹建轮船公司时，50万元白银的资本总额中，怡和行就占了30万。

鸦片战争后开埠的上海外滩风光（周呱绘于19世纪60年代）
黄浦江面上有许多中外船舶。

第八章　走向末路的十三行

漫话十三行

北有上海，南还有香港。

英国人通过《南京条约》得到了香港，并把它辟为自由港。香港的港口条件远优于广州黄埔，加上英国人的着意经营，很快也超越了黄埔。

虽然如此，外贸传统深厚的广州，仍是中国的贸易大港。失去垄断权的十三行商人纷纷改做茶行。

《南京条约》向西方人开放了五口通商。让英国人始料未及的是，在这五个口岸中，只有广州，他们是进不了城的，广州人面对他们的脸色也不同过去了，而这恰恰是他们最熟悉、最有根基的"一口"。

在客观上，《南京条约》遗留了一个问题：这个条约和它的附约上只说了英国人可以进入这五个口岸，英国领事可以驻城。但广州的"城"，就看是一个怎样的说法了。

广州城原指城墙之内的城，外国人称为 city（城），十三行所在的西关在城墙之外，外国人称为 town（镇）。过去，中国政府一直将外国人限在十三行这个小小的 town 里。

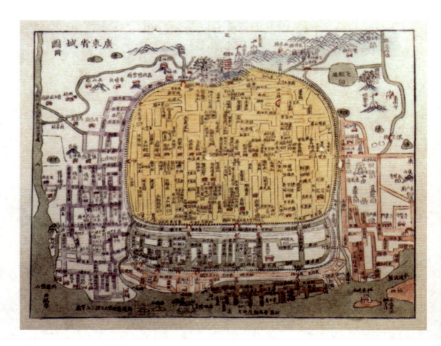

清代人绘制的广东省城图
黄色圈内是城墙围着的广州城，图中城墙的下面还有一层外城墙；其他白色区域均在城墙外，外城墙之外的左下方珠江边是十三行商馆区

在英国人的理解中,依照《南京条约》,他们可以随意地进城墙之内的 city 了。得胜猫儿强似虎了。

广州人记住了鸦片战争给广州留下的创伤,记住了英国人的横行霸道,"从这时起,每一个广东人对于每一个外国人有了一种不可改变的敌意,因此种下将来的祸根"[2]。广州人愣是不让英国人进 city。广东绅士们致书西方人:"或谓广东与外国通商二百余年,各国远人均在十三行居住,城外既可任其游行,则入城似无关紧要;无如民心坚定,断难曲从。"[3] 致书者包括鸦片战争后常以绅士自居的十三行商人。

最清楚英国船坚炮利的广州人最坚决地向英国人叫板,其中一个英国人叫德庇时。

德庇时,1844年(道光二十四年)时任英国驻华公使和香港总督,原来是东印度公司广州商馆的最后一任大班。曾经长驻十三行的德庇时是一个汉学家,在十三行练成的汉学家。

1845年(道光二十五年),港英总督身份的德庇时再次要求入广州城,广州人如若阻拦,他将以武力相向。德庇时的强硬叫嚣使得两广总督耆英和广东巡抚恩彤让步了,于是联名发出允许英国人进城的布告。

这一下在广州炸开了锅,广州人群情激愤,把官府的布告撕了。甚至有人点着耆英的名字叫喊:"若有不测变端,我中华百姓,先杀勾通卖国之奸官,然后与鬼子决战!"人们奔走相约:"夷人入城之日,闭城起事。"几千市民涌进广州知府衙门(市政府),声讨与英国人商议入城事宜的知府刘浔,吓得刘浔夺路而逃。局面完全失控,耆英狼狈不堪,德庇时也只好暂且放下进城计划。

德庇时像

第八章 走向末路的十三行

"粤商文化"丛书

漫话十三行

到了1847年（道光二十七年）3月，德庇时真的领着士兵带着军舰在十三行附近登陆了。德庇时向两广总督提出，要在被称作"河南"的珠江南岸租借一块地做货仓。同年5月15日，英国人强行在洲头咀一带测量地段，竖立界标。

潘启官潘正炜愤怒了。不仅仅因为那是潘家的祖产，更因为英国人的横行霸道。他积极串联带头呼叫。同年5月17日，河南48乡的乡绅在双洲书院集会。

向官府，他们发出了"河南乡绅呈大宪禀"。

向侵略者，他们发出了《河南绅耆致英领事书公函》。

他们严正申明："河南地方，寸金寸土，皆民血产。该处田塘、栈房、铺房、民居，皆民血产。"

他们悲切规劝："国家命脉，全在人心；人心安危，全靠乡土。"

他们凛然痛斥："人心不服，于利何有？"[4]

同年5月20日上午，48乡民众3 000多人渡江到十三行，在英国商馆前示威。十三行的愤怒点燃了全广州的愤怒，全城10多万人声援。

进城，反进城，拉锯战一直持续了八九年。

英国人始终进不了city，第一次鸦片战争的决策人，英国外务大臣巴麦尊派人传递了一份抗议给中国政府："英国政府深知，如果情势需要，英国军队可以把整个广州城毁得片瓦不留，使该城人民受到最大的惩罚。"[5]

1856年（咸丰六年），英国人借着"亚罗"号事件，干脆又一次在广州挑起战争。

十三行第二次大火（广州画家善官 绘）

又是一次鸦片战争，又是在广州打响。

这年冬天，12月29日，英法联军攻陷了广州城。

义愤填膺的广州人焚烧了外国商馆集中的十三行，就像巴麦尊说的，"毁得片瓦不留"。

长期生活和工作在广州的美国人亨特，刚好在这个时候最后离开十三行，他留下了对十三行的最后记忆——

> 当我最后一次看到这个地点时，离我最初开始在这里居住已近35年，这个地方简直无法辨认了。这里完全变成废墟，甚至找不到两块叠在一起的石头！[6]

十三行，消失在了历史深处。

第八章 走向末路的十三行

"粤商文化"丛书

漫话十三行

[1] 潘刚儿,黄启臣,陈国栋.广州十三行之一:潘同文(孚)行[M].广州:华南理工大学出版社,2006:198.

[2] 马士.中华帝国对外关系史[M].张汇文,姚曾廙,杨志信,等译.上海:上海书店出版社,2000:320.

[3] 梁嘉彬.广东十三行考[M].广州:广东人民出版社,1999:252.

[4] 潘刚儿,黄启臣,陈国栋.广州十三行之一:潘同文(孚)行[M].广州:华南理工大学出版社,2006:255,257.

[5] 马士.中华帝国对外关系史[M].张汇文,姚曾廙,杨志信,等译.上海:上海书店出版社,2000:448.

[6] 亨特.广州番鬼录;旧中国杂记[M].冯树铁,沈正邦,译.章文钦,骆幼玲,校.广州:广东人民出版社,2009:37.

结 语
十三行的记忆长在

"粤商文化"丛书

漫话十三行

作为目之可览的十三行，消失得如此彻底，除了靠近珠江岸边的几个路牌还残留着一点当年的痕迹：十三行路、宝顺大街、怡和大街、同文街。其余的，都没剩下。

十三行真的就这样消失了吗？

为什么时至今日，我们仍在追忆十三行，凝想十三行，书写十三行？

十三行的鼎盛，十三行的辉煌，深层原因在于人类走向海洋、走向世界的时代大潮。

自远古起，人类就不断地探索海洋、开发海洋，但只有到了十三行所处的年代，各大洲的人才通过海洋真正地联系在一起。因此，广州才大有作为，十三行才大有作为。广州口岸的千年长盛，十三行商人面向海洋的目光和胸怀，在中国古代可谓首屈一指。

十三行的衰落，十三行的消失，深层原因也在于人类走向海洋、走向世界的时代大潮。

自远古起，人类社会就萌发了商品经济，但只有到了十三行所处的年代，才汇聚成全球化的市场经济的汪洋大海。清王朝限口通商的决策，让十三行深受其益的同时也深受其害，因为这种决策注定要被不可阻挡的时代力量摧毁。从大洋远处而来的西方的坚船利炮，最先攻击的是中国最能面向海洋的十三行。这是一个包含有诸多意义的历史悲剧。

1856年的那场大火烧毁了十三行，曾经的繁华化为灰烬。然而，十三行的精气神还在。

广州商馆区 （油画 约1850年 传为煜呱所画）
珠江上行驶着各种中外船只。

　　奥旨在于，这股精气神中有一颗坚实的内核，这内核包含有万千海洋气象：海的辽阔，海的开放，海的宽容，海的活泼。如此海洋气质，契合于时代之风，相值于世界之潮，十三行因而享有了生命基因不断传递的理由。

　　如果说在十三行时期，全球化、现代化还是大潮初起，那么现今，这时代之潮已经汹涌澎湃，宏伟壮阔，中国改革开放的伟业更是大潮中卷起的惊涛巨浪。

　　走向海洋，走向世界，十三行的精神气质。

结语　十三行的记忆长在

"粤商文化"丛书

漫话十三行

走向海洋,走向世界,广州的城市品格。

走向海洋,走向世界,中国的复兴之路。

大海之潮不息。

时代之潮不息。

十三行的记忆长在。